独学文章術

名文をまねて上達する

礫川全次

日本実業出版社

まえがき

本書は、「文章力」を向上させたいと願っておられる読者の皆さんに向けた「参考書」、あるいは「練習帳」です。あくまでも実用書です。「文章」＝「日本語の書き言葉」について研究し、「文章力」とは何か、「文章力」を磨くにはどうしたらよいか、などについて、読者の皆さんとともに考えていきたいと思います。ちなみに、本書で「文章力」とは、「日本語の書き言葉を使いこなす力」を指し、「文章術」とは「日本語の書き言葉を使いこなすワザ」を指します。

本書の読者として、まず念頭に置いたのは、前著『独学で歴史家になる方法』の読者の方々です。つまり、ご自身の研究を発表しようされている「歴史独学者」の方々です。しかし、そうした「歴史独学者」に限らず、広く、各方面にわたる独学者・研究家の方々、コラムニスト、ブロガーの方々など、さまざまな形で「文章」に関わっておられる方々に読んでいただけるよう工夫しました。

本書は、「講習」を中心に構成されています。講習は、全部で28講あります。各講習には、それぞれのテーマがあります。そこでは、まずトピックとなるような「文章」を紹介し、その文章をめぐって、当該のテーマについて考えていきます。また、各講習に、【設問】

あるいは【演習】が（または、その両方が）設けられています。

本書は、第1講から、順に読み読み、順に考えていただくよう編集しました。しかし、各講習は、相対的に独立したものになっています。目次をご覧になった上で、関心をお持ちになったところから読んでいただいても、差支えありません。

本書を通して、皆さんに訴えたいことが、いくつかあります。

第一点として、日本語の「書き言葉」というのは、今日、不自由で扱いにくいものになっているということです。例えば、こういう本を執筆しようとしますと、選べる「文体」は、事実上、ふたつに限られています。「である体」もしくは「ですます体」です。これは明らかに制約です。

なお、ここで「不自由で扱いにくい」というのは、あくまでも日本語の「書き言葉」についての話で、「日本語」そのものを、そういうふうに捉えているわけではありません。

第二点としては、その不自由で扱いにくい「日本語の書き言葉」を使いこなそうとすると、それなりの「研究」が必要になるはずだということです。ここで「研究」とは、今日、わたしたちが読み書きしている「文章」「文体」は、いつごろ、どのようにして成立したのかについて、振り返ってみることです。

第三点は、どういう文章が「良い文章」なのかを判断できる力が、わたしたちに求められるということです。私見によれば、「良い文章」とは、簡潔で、わかりやすく、思わず音読したくなるような文章、ノートに書き写してみたくなるような文章です。これは、「名文」と言い換えてもいいでしょう。

世に「名文」とされる文章の多くは、その時代において、画期的とも言える「文体」を装って登場しています。そうした画期的とも言える文体の裏には、それを生み出した先人の並々ならぬ苦労があるはずです。「名文」を鑑賞することは、そうした先人の悪戦苦闘の跡を認識することでもあります。今日、「日本語の書き言葉」の制約に気づき、それを打破しようとする者は、すべからく「名文」に学ぶべきでしょう。

いま、名文に「学ぶ」と申しました。マナブとは、マネブとも言い、要するにマネルことです。「学びて時に之を習う」（学而時習之）、学問の基本は、マネルこと、そして反復練習することです。

本書は、読者の皆さんに、名文に「学んで」いただけるよう、名文を「まねて」いただけるよう、多彩な「名文」を紹介するよう努めました。これらを読まれていくうちに、きっと、あなたにとって、お気に入りの「名文」というものが思い当たることでしょう。お気に入りの「名文」が思い当たりましたら、それに就いて（「就いて」は、「つきしたがって」の意味です）、徹底的に研究してください。そうした上で、自分にふさわしい「文体」を選びとり、または創出し、その文体が完全に自分のものになるまで、反復して練習してください。

ご自分の「文体」さえ手に入れれば、こわいものはありません。何の苦もなく、文章を書けるようになります。エッセイ、小説、論文など、ジャンルを問いません。一冊分の文章を書くことも夢ではありません。自分史、温めてきた研究などは、むしろ、いくら書いても書きたりない、書き終わらないといったことになるのではないでしょうか。ご健闘をお祈りします。

この「まえがき」のあとに「もくじ」をはさんで「プロローグ」をおいています。「日本語の書き言葉」に潜在する問題について、考えているところを述べました。ややメンドウな議論になっていますので、ここを飛ばして、ただちに「講習」に入っていただいても結構です。

本書を読むにあたって準備していただくものは、特にありません。ただ、濃い目の鉛筆を一本、用意していただくとよろしいでしょう。また、スマホ、電子辞書などをお持ちのようでしたら、それも座右に置いていただくと便利です。

二〇二〇年六月二九日

礫川全次

第一部

導入編「それらしい」文章を書くには　019

第二部 基礎編「良い文章」について考える 043

第三部 口語編「語り」の口調を活かす 071

デザイン・志岐デザイン事務所（萩原睦）
DTP・一企画

プロローグ

猫語としての「である体」

いきなり妙なことを申し上げるようですが、今日、わたしたちが書き言葉として多用している「である体」は、元をただせば「猫語」だった可能性があります。というのは、この「である体」の普及に貢献したのは、夏目漱石の小説『吾輩は猫である』であり、この小説の主人公（猫）が「吾輩」という一人称で語る言葉が、ほかならぬ「である体」だったからです。

この猫は、皮肉な眼で人間世界を観察する超能力猫で、人間の会話を理解できるだけでなく、飼い主の苦沙弥（くしゃみ）先生の日記を読むこともできます。さらに、苦沙弥先生が心の中で考えていることまで読むことができました。

そうした超能力猫が語る言葉として、漱石が選んだのが「である体」でした。『吾輩は猫である』は、読者の評判を呼び、気をよくした漱石は、さらに『坊ちゃん』を発表します。「おれ」を主人公とする一人称小説で、ここでも漱石は、「である体」を用いています。

近代の日本で、言文一致体を創出したのは、二葉亭四迷と山田美妙でした。二葉亭四迷の言文一致体は、「である体」ではありません。処女作『浮雲』（一八八七〜一八八九）を読んでみますと、その文末は、「る。」「だ。」「ツた。」などとなっています。あえて言えば、「だ体」でしょう。同じころ山田美妙は、歴史小説『胡蝶』(一八八九)を発表し、ここで「ですます体」を使い始めました。また、嵯峨の屋お室(矢崎鎮四郎)は、小説『野末の菊』(一八八九)で、「であります体」を試みました〔山口2006〕。

最初に「である体」を使ったのは、尾崎紅葉です。紅葉は、小説『二人女房』(一八九二)の途中から、「である体」を採用しているそうです〔山口2006〕。しかし、「である体」を、普及させ定着させた功績は、やはり、漱石の『吾輩は猫である』に見出すべきでしょう。そういうわけで、「である体」は「猫語」に始まるかもしれない、と申し上げたわけです。

なお、「である体」=「猫語」という発想の元になったのは、金水敏さんが提唱された「ヴァーチャル日本語」という概念です〔金水2003〕。金水さんのいう「ヴァーチャル日本語」については、第21講をご参照ください。それから、もうひとつ、東京新聞連載、青沼貴子さんの『ねえ、ぴよちゃん』という四コマ漫画も、大きなヒントになりました。この漫画の主人公は、「又吉」という名前の猫です。又吉の「猫語」は関西弁で、一人称は「わし」です。あきらかにこれは、「ヴァーチャル日本語」と言えるでしょう。

論文は「である体」で

わたしたちが今日、当り前のように使っている「である体」と「ですます体」は、どちらも、明治中期に「言文一致体」として創出された文体です。「である体」は尾崎紅葉が創出し、夏目漱石が定着させました。「ですます体」は山田美妙が創出しました。

ところで皆さんは、学問の世界には、論文は「である体」で書かなければならないという「規範」が存在していることをご存じでしょうか。言い換えれば、「ですます体」を使って学術論文を書くことは許されないということです。理解しにくいことですが、たしかに、そうした現実が存在しているようです〔平尾2016〕。

不思議なことに、学会の分科会などで報告を聴きますと、例外なく「ですます体」を使って発表しています。「ですます体」の論文は許されないのに、「ですます体」で口頭発表をおこなうことは許されているようです。

こうした報告の際、報告者によっては、「レジメ」を用意していることがあります。会場で配布されたレジメを見ますと、レジメ（要約）どころか、すでに完成された論文になっている場合も少なくありません。もちろん、これは「である体」で書かれています。

このあと、さらに不思議なことが起こります。報告者は、「レジメに沿って発表します」と断ってから、発表に入ります。しかし、レジメをそのまま読むわけではありません。「である体」で書かれたレジメを、その場で「ですます体」に変換しながら発表していくのです。

そういうことなら、最初からレジメを（あるいは論文を）、「ですます体」で書いたらどうなのかと思うのですが、どうも、それは許されないようなのです。

このことから言えることは、今日、「である体」と「ですます体」とでは、その使われ方に、大きな違いが生じているということです。「である体」と「ですます体」との間に、「使い分け」が生じているということです。

ところで、いまわたしは、この文章を「ですます体」で書いています。書いてみますとわかりますが、これは非常に使いにくい「書き言葉」です。例を挙げますと、「～は難しい」と表現したいとき、「～は難しいです。」とは書けません。「難しいのです」、「難しいようです」、「難しく思えます」、「困難です」などと書かなくてはなりません。「ですます体」というのは、「書き言葉」としては、まだ完成されていないという気がします。

「です」は嫌われる

今回、この本を書くにあたって、文章読本、文章術の本、日本語を論じた本などに目を通してみました。その結果、気づいたことがいくつかあります。

ひとつ気づいたのは、谷崎潤一郎『文章読本』（初版一九三四）、三島由紀夫『文章読本』（初出一九五九）、三浦つとむ『日本語とはどういう言語か』（講談社学術文庫版一九七六）、『井上ひさしの日本語相談』（初版一九九五）、山口仲美『日本語の歴史』（二〇〇六）の五冊が、「ですます体」で書かれていたということです。しかし、これらは、あくまでも少数派でして、他の大多数は「である体」で書かれていました。

右に挙げた五冊は、いずれも名著です。恐らくそれは偶然ではないと思います。日本語の「書き言葉」に対する著者の鋭い感性が、あえて、「ですます体」を選ばせたのだと思いました。ただ残念なことに、著者たちは、それぞれの本を書くにあたって、なぜ、「ですます体」を選んだのかを説明していません。

いま、これら五冊の本が「ですます体」で書かれていると申しましたが、厳密には、谷崎潤一郎の『文章読本』と三島由紀夫の『文章読本』は、「ですます体」ではなく、「であります体」で書かれています。谷崎本の場合、「です。」で終わるセンテンスは、おそらく皆無です。三島本の場合、一例を除いて皆無です。ちなみに、三浦つとむの本、井上ひさしの本、そして山口仲美さんの本は、文字通り、「ですます体」で書かれています。

谷崎と三島のふたりが、「です。」を使わなかったのは、「です。」という文末を意図して避けたのだと思います。「です。」を嫌ったのだと思います。

「です」の語源については諸説があるようですが、国語学者の大槻文彦は、一九一七年（大正六）四月発行の『口語法別記』の中で、「です」の起源は、江戸時代の下層庶民が使っていた「でげす」であろうと推察しています。のみならず、「です」は「余り馨(かん)ばしくない語」であると評しました〔国語調査委員会1917〕。これは、大槻文彦個人の見解というよりは、明治以来、多くの知識人に共有されてきた「感覚」だったのだと思います。おそらく、谷崎や三島も、そういった感覚を受け継いでいたのでしょう。

その一方で、小学校低学年用の国語教科書には、早くから「です体」を含む「ですます体」が採用されていました。一九〇五（明治三八）一〇月翻刻の文部省著作『尋常国語読本 一』の五三ページには、「ラッパ ヲ フイテヰル ノ ハ タロー デス。」という文章が載っています。一九一八年（大正七）一月翻刻の文部省著作『尋常小学国語読本 巻一』の二〇ページにも、「スズシイ カゼ ガ フイテ、ヨイ ココロモチ デス。」という文章が載っています。

大槻文彦は、すでに文部省が国語教科書に「デス。」を採用しているにもかかわらず、その「デス。」を、「かんばしくない」と評していたことになります。これは仮説に留めますが、論文に使用可能な「である体」、論文に使用できない「ですます体」といった「使い分け」（差別）の淵源は、このあたりに見出せるような気がします。

以上、日本語の「書き言葉」について、現在、わたしが抱いている問題意識の一端を述べました。これをもって、本書のプロローグとします。

第一部 導入編

「それらしい」文章を書くには

第一部導入編では、文章を書くということは、どういうことかなのかという「基本中の基本」について考えます。本書で扱う問題の多くは、あらかじめ、ここで提示されることになるでしょう。

第1講 大切なのは気持ちを伝えること

岩下一男君のハガキ

最初に、図版の文章をご覧ください。これは、敗戦直後の一九四五年（昭和二〇）一二月一日、栃木県の小学生・岩下一男君が、フィリピンの部隊にいる父の岩下三次さんに宛てて差し出したハガキの文面です。篠原宏著『大日本帝国郵便始末』（日本郵趣出版、一九八〇）の一四一ページにあったものを借用しました。

いきなりで申し訳ありませんが、ここで演習です。ただし、それほど難しいものではありません。

演習❶

このハガキの文面を、そのまま書き写してください。

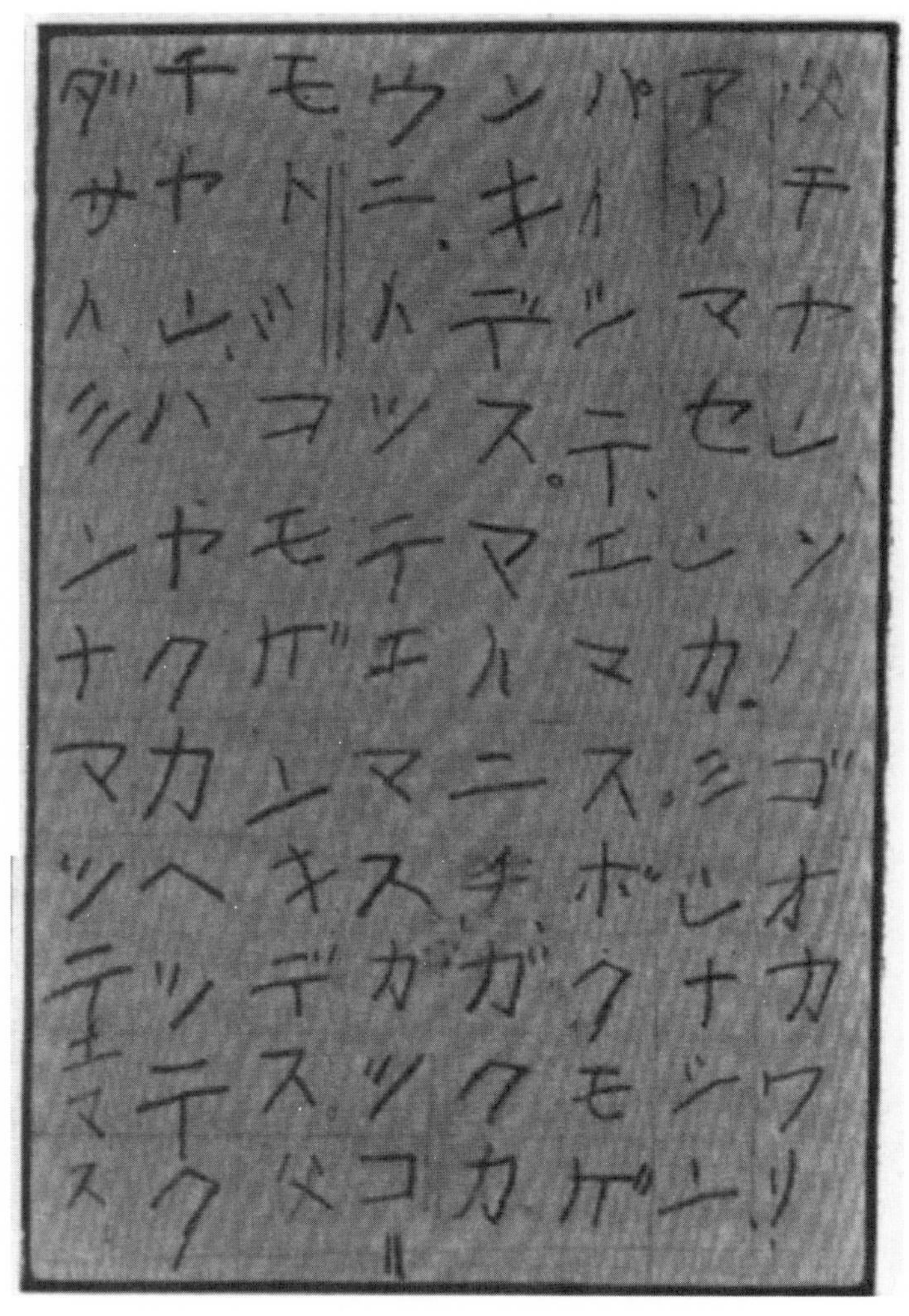
父チヤン、ソノゴオカワリ
アリマセンカ。ミンナジン
パイシテ、エマス。ボクモガ
ンキデス。マイニチガクカ
ウニ、イツテエマス。ガツコー
モド、ヨモゲンキデス父
チヤン、ハヤクカヘツテク
ダサイ、ミンナマツテエマス

解答例

父チヤンソノゴオカワリ
アリマセンカミンナシン
パイシテエマスボクモゲ
ンキデスマイニチガクカ
ウニイツテエマスカツコ
モトミコモゲンキデス父
チヤンハヤクカヘツテク
ダサイミンナマツテエマス

解説

全八十九文字、改行は原文のままです。原文では、ところどころに句読点らしきものが打たれているようですが、図版では確認が難しかったので、解答例には反映させていません。なお、この句読点は、あとから家人が加えたものと思われます。

図版をよく見ますと、定規を使ってタテヨコに罫が引かれています。これによってハガキは、タテ十一マス、ヨコ八マス、計八十八マスの「原稿用紙」となりました。この罫を引いたのも、おそらく家人でしょう。

文章を書き発表すること

文章術を扱った本書の第1講で、一男君のハガキを紹介したのは、文章を綴る際に大切なことは、読み手に自分の「気持ち」(メッセージ、感情)を伝えることだ、と申し上げたかったからです。ほとんどカタカナしか書けなくても、ハガキという限られたスペースでも、伝えるべき「気持ち」(メッセージ、感情)と伝えようとする「気持ち」(意思)があるなら、必ず文章は書けます。そして、その気持ちは、必ず相手に伝わります。

文章を書こうとしたとき、あるいは、文章を書いて発表しようとするとき、しばしばわたしたちは、さまざまな制約に直面します。文章を書き、発表するということは、そうした制約と闘い、そうした制約を乗り越えるということを意味します。そうしたときに大切なのは、相手に「気持ち」(メッセージ、感情)を伝えようとする「気持ち」(意思)です。制約と闘い、制約を乗り越えようとする強い「気持ち」(意思)です。

もうひとつ、申し上げたかったのは、文章の初心者に対しては、それにふさわしい効果的なアドバイスや、親切なサポートがあるとよいということです。伝えたいという「気持ち」(意思)があったとしても、制約が大きければ、それに負けることもあります。そうした場合に、本人の「気持ち」(意思)を支えるのが、周囲からのアドバイスやサポートです。

一男君の場合について言えば、効果的なアドバイスとは、「お父さんにハガキを送ってみたら」などと勧めることです。適切なサポートというのは、ハガキを用意する、そこに罫を引く、文字や文章をチェックするなどのことです。つまり、環境面・技術面での支援です。

ハガキから読みとれること

一男君がハガキに書いた文章について、もう少し、研究してみましょう。

文中、「カツコ」「トミコ」は、一男君の妹たちの名前でしょう。一男君は、三人のきょうだいを代表して、この手紙を書いているわけです。

この文章を書いた一男君は、当時、小学校の一年生(正確には、国民学校初等科一年生)だったようです。そう推測できるのは、文章をカタカナで書いているからです。戦前・戦中の小学生は、一年生でカタカナを習い、二年生になってから、ひらがなを習いました。おそらく一男君は、まだ、カタカナしか習っていなかったのでしょう。

「ガククカウ」という言葉が出てきますが、これは「学校」のことです。歴史的かなづかいでは、学校の「読み」は、「がくかう」が正しいのです。「がくかう」と書いて、実際には、「がっこう」と発音していたのです。

一男君の文章は、かなり稚拙です。しかし、許される範囲の稚拙さです。その稚拙さの中に、父親の帰国を待つ「気持ち」（感情）がこもっています。これを受け取って一読した父親の三次さんは、思わず号泣したのではないでしょうか。なお、一男君が「父チャンハヤクカヘッテクダサイ」と言えたのは、すでに戦争が終わっているからです。戦争中であれば、たとえ小学生であっても、戦地の父親に、そうした「私情」を書き送ることは許されなかったでしょう。

さて、ここで設問です。これは、ハガキの「文体」に関わる設問です。

設問❶

一男君は、この文章を、なぜ「ですます体」で書いたのでしょうか。

解答例

作文、手紙などの文章は、こういう「ですます体」で書くものだと教えられていたから。

解　説

短い文章ですが、一男君は、これを書き上げるのに、かなり苦労したはずです。いちばん苦労したのは、おそらく、「よそいき」の言葉で文章を綴ることだったと思います。一男君は、ふだんの生活では、自分のことを、「ボク」とは呼んでいなかったことでしょう。ふだんの会話で、「ですます体」を使うこともなかったと思います。しかし、このハガキで一男君は、自分のことを「ボク」と呼び、ですます体という「よそいき」の文体を用いています。「ヰマス」と書くべきところを、「エマス」と誤っているのは、使いなれていない言葉、書きなれてない言葉を、無理に使ったせいでしょう。

一男君は、なぜ、そういう苦労をしてまで、「よそいき」の文章を綴ろうとしたのでしょうか。それは、作文、手紙などの文章は、そういう「よそいき」の文章で書くものだ、と教えられていたからだと思います。特に、このハガキについては、責任者が検閲したり、三次さんが戦友に見せたりすることがありえました。やはり、このハガキは、「よそいき」の文章で綴られる必要があったのです。

ですます体について

右設問の【解説】について、二点、補足します。ひとつは、「ですます体」について、もうひとつは、「それらしい文章」についてです。

一般に、「ですます体」は、「口語体」と呼ばれています。しかし、「口語体」は、あくまでも「書き言葉」のひとつであって、「話し言葉」とは別のものです。

たしかに、日常の生活において、「話し言葉」として、「ですます体」が用いられることはあります。改まった席で挨拶するとき、目上の人と応対するとき、電話で話すときなどです。しかし、一般の人々が日常の会話の場面で、「ですます体」を用いることは、あまりないと思います。

作文、手紙などでは、しばしば、この「ですます体」が用いられます。「ですます体」は、一般に「口語体」と呼ばれていますが、口語＝「話し言葉」を、そのまま写したものではありません。「口語体」は、あくまでも、「口語」風に作られた「書き言葉」であり、「口語体」と称する「書き言葉」なのです。

参考までに申し上げますと、「である体」もまた、「口語体」のひとつです。「口語体」の対語は「文語体」です。「候体（そうろうたい）」「宣明体（せんみょうたい）」「漢文書き下し体」などが、「文語体」にあたります。今日、文語体が、「書き言葉」として用いられる例は、ほとんどありません。なお、「口語体」を用いた文章を「口語文」と言い、「文語体」を用いた文章を「文語文」と言います。

「それらしい文章」について

第一部導入編のタイトルを〝「それらしい」文章を書くには〟としました。「それらしい」とは、「その人らしい」とか、「その状況にふさわしい」というような意味です。

一男君のハガキは、あくまでも、ひとりの少年が、その父親を思う気持ちをあらわしたものですが、「文章」にする以上は、やはり、「それらしい」文章にすることが求められます。一男君が、「ボク」という一人称を選び、「ですます体」という口語体を用いたのは、「それらしい」文章にするための工夫でした。

その一方で、一男君は、父親に対して、「父チャン」という呼称を用いています。あえて、「オ父サン」というヨソユキの呼称を避けたのだと思います。「父チャン」という素直な呼称が、この文章を、いかにも「それらしい」ものにしています。同じく、「エマス」などの誤記も、結果的に、この文章を「それらしい」ものにしています。書き慣れない文章を、一所懸命に書いている姿が浮かぶからです。

なお、この「それらしい」という言葉については、金水敏（きんすいさとし）さんの用語である「ヴァーチャル日本語」（第21講参照）を、少し意識しています。

第1講 まとめ

▼文章を書くことは、さまざまな制約と闘い、それを乗り越えることである。
▼文章を書きなれない人に対しては、アドバイスやサポートが大きな意味を持つ。
▼文章を書くことは、「書き言葉」を用いて、「気持ち」を表現することである。
▼「ですます体」は、「口語体」と称される「書き言葉」のひとつである。
▼文章を書くときは、どういう文章が求められているのかを意識したい。

第2講 口述によって人生を振りかえる

門閥制度は親の敵

福沢諭吉（一八三四〜一九〇一）の晩年の著作に、『福翁自伝』という自伝があります。一八九九年（明治三二）六月に、時事新報社から単行本が刊行されています。それ以前に、一八九八年（明治三一）七月から一八九九年（明治三二）二月まで、日刊紙『時事新報』に連載されています。この自伝は、福沢諭吉が口述したものを、速記者の矢野由次郎（よしじろう）（一八六二〜一九三九）が速記し、その原稿に福沢本人が手を入れました。

戦後の一九四八年（昭和二三）に、福沢家の倉庫から、その速記原稿が発見されました。一九五三年（昭和二八）年に出た、角川文庫版『福沢諭吉 福翁自伝 復元版』（昆野和七校訂）は、極力、この速記原稿の体裁や用字を復元しようとしています。

『福翁自伝』は、日本におけるオーラル・ヒストリーの嚆矢（こうし）であるとともに、自伝文学の傑作とされています。オーラル・ヒストリーですから、当然、その文章は「口語体」です。ただし、福沢自身は、終始一貫、「文語体」を使い続けました。『福翁自伝』は、あくまで

も例外だったのです。〔山口2006〕

この自伝の最初のほうで、福沢は、早世した父親について語るとともに、「門閥制度は親の敵で御座る」という言葉を吐いています。啓蒙思想家・福沢諭吉の原点を示す重要な言葉です。

以下に、その「門閥制度は親の敵で御座る」という言葉が出てくる部分を引用してみます。出典は角川文庫の復元版です。ルビは、復元版に振られていたものをそのまま採用しています。

前申す通り、亡父は俗吏を勤めるのが不本意であつたに違ひない。左れば中津を蹴飛して外に出れば宜い。所が決してソンナ気はなかつた様子だ。如何なる事にも不平を呑んで、チャント小禄に安んじて居たのは、時勢の為めに進退不自由なりし故でせう。私は今でも独り気の毒で残念に思ひます。例えば父の生前に斯う云う事がある。今から推察すれば父の胸算に、福沢の家は総領に相続させる積りで宜しい、所が子供の五人目に私が生れた、其生れた時は大きな瘠せた骨太な子で、産婆の申すに、此子は乳さへ沢山呑ませれば必ず見事に育つと云ふのを聞て、父が大層喜んで、是れは好い子だ、此子が段々成長して十か十一になれば寺に遣つて坊主にすると、毎度母に語つたそうです。其事を又母が私に話して、アノ時阿父さんは何故坊主にすると仰ツしやつたか合点が行かぬが、今御存命なればお前

は寺の坊様になつてる筈ぢやと、何かの話の端には母が爾(そ)う申して居ましたが、私が成年の後その父の言葉を推察するに、中津は封建制度でチャント物を箱の中に詰めたやうに秩序が立て居て、何百年経(たつ)ても一寸(ちよい)とも動かぬと云ふ有様、家老の家に生れた者は家老になり、足軽の家に生れた者は足軽になり、先祖代々、家老は家老、足軽は足軽、其の間に挟まつて居る者も同様、何年経ても一寸とも変化と云ふものがない。ソコデ私の父の身になつて考へて見れば、到底どんな事をしたつて名を成すことは出来ない、世間を見れば茲に坊主と云ふものが一つある、何でもない魚屋(さかなや)の息子(むすこ)が大僧正になつたと云ふやうな者が幾人(イクラ)もある話、それゆへに父が私を坊主にすると云つたのは、その意味であらうと推察したことは間違ひなかろう。

門閥制度は親の敵　如斯(コン)なことを思へば、父の生涯、四十五年の其間(それあひだ)、封建制度に束縛せられて何事も出来ず、空しく不平を呑んで世を去りたるこそ遺憾なれ。又初生児の行末を謀り、之を坊主にしても名を成さしめんとまでに決心したる其心中の苦しさ、其愛情の深き、私は毎度此事を思出し、封建の門閥制度を憤ると共に、亡父の心事を察して独り泣くことがあります。私の為めに門閥制度は親の敵(かたき)で御座る。

福沢諭吉らしい自伝

こういう文章です。実にわかりやすい文章です。これがわかりやすいのは、くだけた口語体で書かれているからです。

晩年にさしかかった福沢は、こうした文章で、自分のこれまでの人生を振り返りました。ここでは、早世した父親について語りながら、みずからの人生の原点、啓蒙思想家としてのみずからの原点を、読者に示そうとしています。

この当時、この文章に接した読者の中には、福沢諭吉の生い立ちを知って、彼に対する評価を改めた人もあったことでしょう。「亡父の心事を察して独り泣くことがあります」というところを読んで、彼の意外な一面に気づかされた人もあったはずです。というのも、生前における福沢は、「金権家の大和尚」などの呼称で、その金権主義を批判されることが少なくなかったからです〔礫川2006〕。また、ここで福沢が描出した門閥制度の実態を思い起こし、明治維新という変革の意義を再確認した読者もいたはずです。

いずれにせよ、福沢は、この自伝によって、福沢諭吉というのはどういう男だったのか、彼が生きてきた時代がどういう時代だったのかを、明快に示しました。福沢でしか書けない内容を、福沢でしか書けない文章によって、読者に伝えたのです。いかにも福沢諭吉らしい自伝でした。多くの読者の期待に応えた文学作品でした。

さて、ここで演習です。『福翁自伝』の「文体」に関するものです。

演習❷

福沢諭吉『福翁自伝』を引用した部分について、各センテンスの末尾を調べてください。

その上で、気づいたことを指摘してください。

解答例

引用した部分には、全部で十二のセンテンスが含まれている。各センテンスの末尾は、次のようになっている。

――違ひない。宜い。様子だ。でせう。思ひます。事がある。たそうです。ものがない。間違ひなかろう。遺憾なれ。ことがあります。で御座る。――

その文末は、きわめて多様で一貫性がない。今日でいう「ですます体」もあれば、「である体」もある。「だ。」「で御座る。」もある。「遺憾なれ。」のように文語体になっているものもある。

解説

今日、私たちが接している文章は、「である体」を選んだ場合は、終始一貫して、「である体」を用いています。同様に、「ですます体」を選んだ場合は、終始一貫して、「ですます体」を用いています。そうした「今日の常識」からすれば、福沢が「だ」「ます」「ある」「です」「で御座る」などを混用していることに驚かされます。しかし、この文章は、基本的に「口述」を筆記したものです。この当時においては、「話し言葉」で、こういった混用が生ずることは、ごく当り前のことだったのです。

ここで確認しておきたいのは、「である体」も「ですます体」も、ともに「口語体」と呼ばれている「書き言葉」であるということです。両者に、本質的な違いはありません。ですから福沢が、その文章で、「である体」と「ですます体」を混用しているからといって、別に驚く必要はないのです。むしろ、「である体」と「ですます体」の混用を避けようとする、「今日の常識」こそが疑われるべきなのです。

第2講 まとめ

▼福沢諭吉の『福翁自伝』は、「口語体」で書かれた自伝文学の傑作である。
▼福沢諭吉の文体は、「である体」や「ですます体」というワクに収まらない。
▼「である体」と「ですます体」の混用を避けようとする常識は疑ってよい。

第3講 シンプルで平易な名文を味わう

山本有三「ミタカの思い出」

第1講の「まとめ」に、「文章を書くときは、どういう文章が求められているのかを意識したい」という一項を入れました。第2講でも、少し、そのことに触れました。いわゆる「それらしい文章」のことです。この第3講でも、そのことについて考えてみます。

また、第1講でも第2講でも、「文体」ということに注目しました。第1講では、「ですます体」の文章を読んでみました。第2講では、「ですます体」とも「である体」とも言い切れない文章を読みました。この第3講では、完成された「である体」の文章を紹介したいと思います。

次に挙げるのは、作家の山本有三（ゆうぞう）（一八八七～一九七四）が書いた「ミタカの思い出」という小文です。一九六五年（昭和四〇）一一月三日の『三鷹市報』に掲載されたもので、これで全文です。このときの有三は、数えで七九歳でした。

ミタカの思い出　名誉市民　山本有三

私がミタカ村に越したのは、二・二六事件の直後であった。その翌年に日支事変がおこり、その三年後に、ミタカは町になった。

太平洋戦争も、敗戦もミタカの家で迎えた。そういう意味で、ミタカは思い出の深い土地である。私はここで、「新編路傍の石」を書き、「戦争とふたりの婦人」を書き、「米百俵」を書いた。新かなづかい、当用漢字の制定、新憲法の口語化にたずさわったのも、この時代のことである。

しかし、敗戦の結果、私は家を接収され、懐かしいミタカを立ちのかなければならないことになった。私はしばらく他人の家に間借りをしたり、大森に移ったりして、今ではカナガワ県に住んでいる。ミタカが市に昇格したのは、その間のことである。ことしは、その十五周年にあたるというが、もし、家を接収されなかったら、私も市民として、ミタカにとどまっていたことであろう。

ミタカに住んでいたのは十一年ほどだが、ミタカは私にとって、忘れがたい土地である。

山本有三文庫の思い出

こういう文章です。きわめてシンプル、たいへん平易な文章です。しかし、老大家らしい枯れた味わいがあります。

山本有三という作家について、わたしにはいくつか思い出があります。小学校の国語の教科書に、よく、この作家の文章が載っていました。たとえば、「納豆売りの少年」の話。級友の目を気にしながら、毎朝、隠れるようにして納豆を売り歩いていた少年の話です。あるとき少年は、自分の気持ちを改め、堂々と声を張り上げて売り始める、というような話でした。何とも貧乏くさい話で、小学生ながら、もう少し夢のある話を読ませてもらいたいと思ったものでした。

NHKラジオでは、山本有三原作の『路傍の石』が連続放送されていました。これが陰滅滅たる話で、数分間、聴いただけで気分が滅入りました。

引率されて、三鷹の山本有三文庫を訪れたのは、小学校四・五年のころだったと思います。教科書の「納豆売りの少年」、『路傍の石』の吾一少年から受けるイメージとは、まったくかけ離れた、モダンな作りの豪邸で、「アッ」と驚くと同時に、何か裏切られたような気がしたものです。

そういうわけで、山本有三という作家には、あまり良い思い出がありません。ところが、今日、この「ミタカの思い出」を読んでみますと、妙に懐かしいものを感じます。自分が深いところで、この作家の感化を受けていることを認めないわけにいきません。

「それらしい文章」に、話を戻します。「ミタカの思い出」は、けっして「美文」ではありません。しかし、心に沁みるものがあります。それは飾らない文章の中に、本当は三鷹に住んでいたかった、「名誉市民」ではなく、ごく普通の三鷹市民でいたかった、という気持ちが籠められているからでしょう。

元三鷹市民で、三鷹名誉市民である山本有三は、『三鷹市報』の編集者に、三鷹の思い出についての原稿を求められ、この小文をしたためました。どういう原稿が求められているのかを、彼はよく理解した上で、この短く平易で気持ちの籠もった文章、いかにも「それらしい文章」を書きあげたのだと思います。

山本有三が用いた文章技術

少し、この文章について研究してみましょう。第一に考えてみたいのは、この文章の「平易さ、わかりやすさ」についてです。第二に考えてみたいのは、この文章に秘められている「高度なテクニック」についてです。

第一の「平易さ、わかりやすさ」を支えているものについては、だいたい、次の三点が挙げられると思います。

①難しい言葉、難しい漢字は、なるべく使わない。
②短くて、単純な構造のセンテンスを使う。

③細かい事情については、説明を省く。

このうち、③について補足します。「敗戦の結果、私は家を接収され」とあるのは、敗戦後の一九四六年（昭和二一）、占領軍によって、三鷹の自宅を接収されたという意味ですが、自宅が接収されたのは、それが「モダンな豪邸」だったからでしょう。ここで彼は、自宅が「占領軍」に接収されたということには触れていません。接収が解除されたあとも、三鷹には戻らなかったようですが、その事情についても触れていません。山本有三としては、三鷹を離れたのには、やむをえぬ事情があった（自分の本意ではなかった）ということを説明したかったわけで、細かい事情については、あえて説明を省いたのだと思います。

上記の①②③は、文章を書く際、必ず求められる事項というわけではありません。しかし、もしあなたが、文章について初心者である場合、または、あなたに求められているのが、平易で、わかりやすい文章であるような場合には、ぜひ、参考にしてみてください。

次に、この文章に秘められている「高度なテクニック」について考えてみましょう。

山本有三の「ミタカの思い出」は、たしかに平易で、わかりやすい文章です。一見すると、誰でも書けそうな文章に思えます。しかし、こういう平易で、わかりやすい文章を書くことは、本当は、きわめて難しいことなのです。しかも、この「ミタカの思い出」で山本有三は、かなり高度なテクニックを、さりげなく用いているのです。

というわけで、ここで演習です。

演習❸

「ミタカの思い出」のなかで、筆者が用いている「高度なテクニック」を指摘してください。「ヒント」は、各センテンスの末尾です。

解答例

文章の末尾が、単調にならないよう、変化を持たせている。

解説

「ミタカの思い出」は、全部で、四つの段落、十一のセンテンスから成っています。各センテンスの末尾に注目しますと、次の通りになっています。

第一段落　「あった。」「なった。」
第二段落　「迎えた。」「である。」「書いた。」「である。」
第三段落　「なった。」「でいる。」「である。」「であろう。」
第四段落　「である。」

文末が単調にならないよう、気を配っていることがわかります。この文章の場合、過去形・現在形・推量形を混ぜることによって、文末に変化をつけています。その結果、この文章は、過去と現在を「往復」しながら、話を進めていくという構成になりました。もとより、現在から過去を回想する文章ですから、その「往復」は、きわめて自然です。

さらに、文末の一字のみに注目してみますと、「たたたるたたるうる」となります。これがまた、文章全体に独特のリズムをもたらしています。

いずれにしても山本有三は、この平易で、わかりやすい文章の中で、きわめて高度なテクニックを駆使しているわけです。おそらく彼は、ごく自然に、あるいは、ほとんど意識せずに、こうしたテクニックを用いているのでしょう。そうしたことが、この文章の枯れた「味わい」を生みだしているのでしょう。修錬と経験を積んできた老大家たるゆえんです。

第3講 まとめ

- ▼シンプルにして平易な「名文」というものがある。
- ▼各センテンスの末尾に変化をつけると、文章全体にリズムが生まれる。
- ▼文章のテクニックは、修錬と経験を積むことで、自然に身についてくる。

【文章術名言集】 その1

■一般人を相手にする文章なら、一般人にわかるように書かなければならない。

松坂忠則〔1950：P2〕

■誰にでも書けるように見えるごく平易な文章、誰の耳目にも入り易い文章、そういう文章にも特殊な職業的洗練がこらされていることは、見逃されがちであります。

三島由紀夫〔2018：P7〕

■それにしてもわれわれはなぜ文章を書くのがこれほど苦手なのだろうか。

井上ひさし〔2015：P241〕

第二部では、文章術の「基礎」を扱います。
第一部を踏まえながら、どういう文章が「良い文章」なのかを考えます。
四つの文章を分析しながら、
文章の味わい方・書き方などについて研究します。

第二部

基礎編

「良い文章」について考える

第4講 音読に堪える文章を書こう

尾股惣司著『鳶職のうた』

今から四〇年ほど前のことですが、車を運転しながらラジオを聴いていますと、落語家の柳家小三治師匠が、何かエッセイのような文章を朗読していました。これが、たいへんな名調子です。番組の最後に、アナウンサーが「とびのうた」という書名を紹介していたので、記憶にとどめました。

あとで調べてみますと、「とびのうた」というのは、尾股惣司さんの『鳶職のうた』(丸ノ内出版、一九七四)という本でした。小三治師匠が朗読していたのは、そこに収められている「おむすびづくし」というエッセイでした。このエッセイは、さらに六つの小エッセイに分かれています。このとき、小三治師匠は「おむすびづくし」の全篇を朗読されたのか、それとも、小エッセイのうちのどれかを朗読されたのか、といったあたりはわかりません。しかし、その日、私が聴いたのが、「にぎりめし」という小エッセイであったことは間違いありません。以下に、それを引用してみましょう。

にぎりめし

にぎりめしとなると、その呼び方からして子供言葉のおむすびや、女言葉のおにぎりと違ったふんいきを持つ。その代表格はなんといっても火事場に炊出しをするにぎりめしだ。ボヤや物置程度の小火災ではこんな必要もないが、二、三軒くらい焼けたとなると残火の始末までの時間が長いから、消防署や消防団の現場指揮所が設置され、所の町会の受付けもその付近にできてくるから御近所の方は大変だ。これも年季のはいった芸当で、なによりも先にいくつもの釜に湯をわかす。米を磨ぐのはその次。ザルにあげて水を切って置きながら沢庵をキザンだり入れ物を借り集めたり、握るまでの段取りをテキパキと付け始める。やがて、「おばさん、おかま、お湯がわきました」。「ハイよ、あたしに見せておくれ、ちょいと御免よ」と釜の中をのぞき、余分なお湯をヒシャクでカシ桶に移し取り、頃合いにみはからった湯の分量にザルの米がザーッと入る。次の釜も同じことである。この仕掛け、湯炊きといって早炊きの一つである。すばしっこいそのやり口が全部見当なんだから恐れ入る。若い人などは手も足も出ない。見る間に炊き上った熱い飯はフワッと竹のスダレを敷いた、そばか、うどんの切溜(きりだめ)にあけられる。「手のあいてる人はみんな団扇であおいでおくれ」。パタパタ団扇にあおられた湯気の立つかげでは、木のお椀に大きめのシャモジでキュッと盛りつけて、うどんやそば打に使う伸板(のしいた)の上にパンパンと置いていく。瀬戸物の茶碗ではこれはできない芸当だ。だいいち瀬戸物では熱くなって持っていられなくなる。廻りで見ている若い人たちが「もう握ってもいいんですか？」。「まだまだ、一側か二側並んだらお塩を打つからそれからだよ。それまでは取っておいたお湯で手をよく洗ってあっためておきな、あとが楽だよ」。あとが楽より何より手のひらや指の消毒になることと、クリーム臭が消えることは請合いだ。「さあみんな、どんどん握って頂戴」と声が掛かる。五十や百のにぎりめしはまたたく間なのである。

こういう歯切れのよい文章です。これを、小三治師匠が朗読されたのですから、名調子になるのは当然だったのです。

『鳶職のうた』の著者・尾股惣司さんは、東京・八王子の鳶職です。およそ「文章」には縁のない生活を送ってきましたが、郷土史家の橋本義夫（一九〇二〜一九八五）が始めた「ふだん記運動」に出会い、初めて原稿用紙に手を出されたということです（『鳶職のうた』あとがき）。ちなみに、『鳶職のうた』の元版は、一九七二年に「ふだん記全国グループ」から刊行された『ある鳶職の記録』です。

さて、基礎編の最初の講習である第４講のタイトルを「音読に堪える文章を書こう」としました。音読しやすい文章は、良い文章です。その音読を聴いたときに、よく意味が通る文章は、良い文章です。それを音読したり、あるいは、その音読を聴いたりしたときに、心地よく感じる文章は、良い文章です。これらが、「音読に堪える文章」です。「音読に堪える文章」こそが、良い文章であるというのが本書の立場です。

小三治師匠と『鳶職のうた』

この講を執筆しているとき、たまたま、インターネット上で、「柳家小三治が語る繰り返し朗読し、涙を流した本」というインタビュー記事に接しました。『ＳＡＰＩＯ』の二〇一八年九月号・一〇月号に掲載された記事を、そのまま公開しているものでした。

そこに次のようにあったのを読んで、わたしは驚きました。

> たまに私は、自分の独演会を「朗読の日」にしてしまうことがあります。よく読んできたのは「忘れえぬ人々」、『日日是好日』、宮沢賢治の童話「虔十公園林（けんじゅうこうえんりん）」、そして尾股惣司さんの『鳶職のうた』。これは戦後の八王子にまだ残っていた「義理と人情とやせ我慢」の職人の世界を職人自身が描いたエッセーで、40年以上前、ラジオのＮＨＫ朗読番組でディレクターから渡されて朗読しました。
>
> 人の優しさがひしひしと伝わってきて、読み始めたら涙が止まらなくなっちゃった。ちぎって投げるような飾り気のない文章もいいんです。私は初めて自分の落語のレコード集を出したとき、この本を朗読した一枚も加えることを条件に了承しました。それくらい大

事な本ですよ。

小三治師匠は、尾股惣司さんの『鳶職のうた』を、「繰り返し朗読し、涙を流した本」の一冊に入れていたのです。しかも小三治師匠は、「初めて自分の落語のレコード集を出したとき、この本を朗読した一枚も加えることを条件に了承しました」と言っています。師匠にとって、相当、思い入れのある本なのでしょう。

ところで、先ほどの尾股さんの小エッセイですが、どこか「落語」の「語り口調」を連想させるところがあります。尾股さんは、「落語」という文化の影響を受けていたのでしょうか。おそらく、それは違うと思います。どこで聞いたのかは忘れましたが、落語という文化は、江戸時代に職人の世界から生まれたという説があるそうです。昔から、職人の世界には「職人の話術」という伝統があり、それが一方で「落語」という文化を生み、一方で、尾股さんのような職人の文章に受け継がれているのだろう、と勝手に理解しました。

尾股さんの『鳶職のうた』は、NHKのディレクターが注目し、落語家の柳家小三治師匠に、その「朗読」を依頼します。本を手渡された師匠が、これを読んで感動します。その「ちぎって投げるような飾り気のない文章」を高く評価します。——こういった流れそのものが、なかなか感動的な話ではないか、などと思ったものです。

さて、ここで設問です。

設問❹

落語家の柳家小三治師匠は、高校時代、国語の授業中に、ある文学作品を朗読させられました。そのとき「読み始めた途端、自分がその世界に入っていく」と感じたそうです。小三治師匠が、授業中に朗読した文学作品を、次のうちから選んでください。

a　国木田独歩の「忘れえぬ人々」
b　宮沢賢治の「虔十公園林」
c　大佛次郎の『パリ燃ゆ』
d　森下典子の『日日是好日』

解答……a

解説……a～dは、いずれも、小三治師匠の愛読書です。a・b・d、そして『鳶職のうた』は、小三治師匠が、しばしば、独演会で朗読する作品です。しかし、師匠が、高校時代、国語の授業中に朗読した作品というのは、国木田独歩の「忘れえぬ人々」でした。

典拠は、インターネット上のインタビュー記事「柳家小三治が語る繰り返し朗読し、涙を流した本」。小三治師匠は、そこで、こう述べています。——読み始めた途端、自分がその世界に入っていくのを感じました。先生も級友も黙って聞いていて、他の生徒に交代

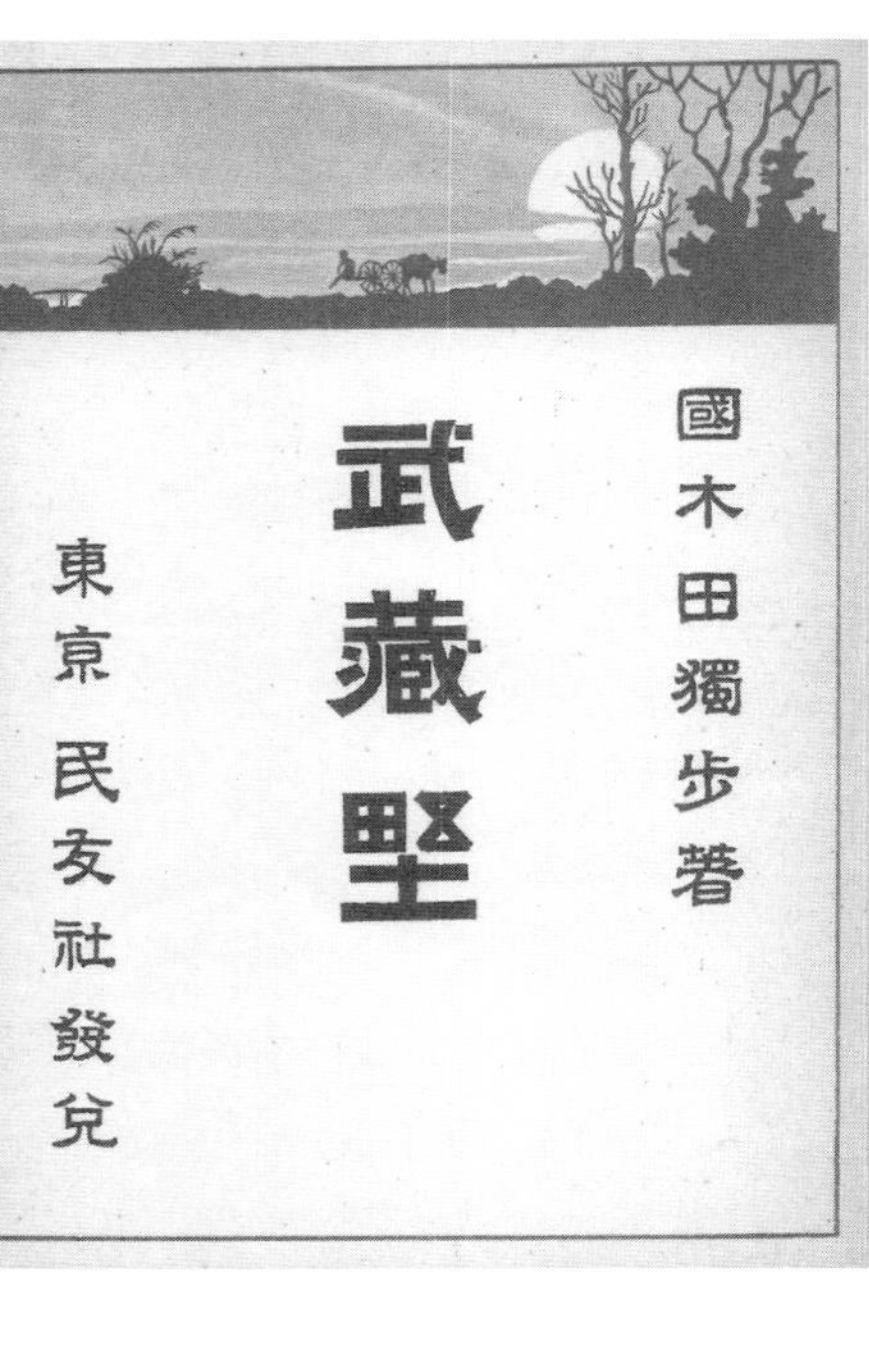

せず、ずっと私が読み続けました。あのとき落語に通じる「間」というものを学んだんです。

国木田独歩（一八七一～一九〇八）は、二葉亭四迷（一八六四～一九〇九）の影響を受けて、言文一致体の小説を書き始めたとされます。短編「忘れえぬ人々」は、一八九八年（明治三一）発表、後に作品集『武蔵野』（民友社、一九〇一）に収められました。二葉亭四迷と国木田独歩については、第15講で、再度、触れます。

第4講 まとめ

▼音読しやすい文章は、良い文章である。

▼音読を聴いて、よく意味が通るような文章は、良い文章である。

第5講 文章の材料はどこにでもある

萩原朔太郎のエッセイ

詩人・萩原朔太郎（一八八六〜一九四二）のエッセイを初めて読んだのは、十年ほど前のことでした。詩人・萩原朔太郎の名前は知っていましたが、不勉強なことに、その「文章」を読んだことはありませんでした。最初に読んだのは、「能の上演禁止について」（一九四〇）というエッセイでした。このエッセイを読んで、遅ればせながら、「文章家」としての朔太郎に気づかされ、また脱帽させられました。

さて、ここで紹介するのは、朔太郎の「病床生活からの一発見」というエッセイです。出典は、『日本への回帰』（白水社、一九三八）ですが、小学館の『萩原朔太郎全集第十巻』（一九四四）、筑摩書房の『萩原朔太郎全集第十巻』（一九七五）も参照しています。かなづかいは原文のまま、傍線は、引用者が引いたものです。

――……私はこの二月以来、約二ケ月の間も病気で寝床に臥通しだ。初めの間、さすがに色々な妄想に苦しめられた。だがしまひには、全く病床生活に慣れてしまひ、全く何事も考へなくなつてしまつた。病気の時は、人はただ肉体のことを考へる。健康が、少しでも早く回復し、好きな食物が食へ、自由な散歩ができたらば好いと思ふ。病気の時ほど、人は寡慾になることはない。私に水とパンと新鮮な空気を与へよ。幸福は充分だとエピクルスが言つた。病気は、丁度さういふ寡慾さで、人をエピクルス的の快楽主義者にする。何の贅沢の慾望もない。普通の健康と自由さへあるならば、街路に日向ぼつこをしてゐる乞食さへも羨ましいのだ。

何よりも好いことは、病気が一切をあきらめさせてくれることだ。病気の時には、一切のゾルレンが消えてしまふ。「お前は病気だ。肉体の非常危期に際してゐる。何よりも治療が第一。他は考へる必要がなく、また況んやする必要がない」と言ふ、特赦の休日があたへられてる。それの意識が、すべての義務感や焦燥感から、公に自己を解放してくれる。病気であるならば、人は仕事を休んで好いのだ。終日何も為ないでぶらぶらとし、太々しく臥てゐた所で、自分に対してやましくなく、却つて当然のことなのだ。無能であることも、廃人であることも、病気中ならば当然であり、少しも悲哀や恥辱にならない。

健康の時、私は絶えず退屈してゐる。為すべき仕事を控へて、しかもそれに手がつかないから退屈するのだ。退屈といふものは、人が考へるやうに呑気なものぢやない。反対に絶えず腹立たしく、苛々とし、やけくその鬱陶しい気分のものだ。

所が病気をしてから、この不断の退屈感が消えてしまつた。人は私に問ふた。二ケ月も病床にゐたら、どんなに退屈で困つたらうと。然るに私は反対だつた。病気中、私は少しも退屈を知らなかつた。天井裏にゐる一疋の蝿を見てゐるだけでも、また昼食の菜を想像してゐるだけでも、充分に一日をすごす興味があつた。健康の時、いつもあんなに自分を苦しめた退屈感が、病臥してから不思議にどこかへ行つてしまつた。この二ケ月の間、私は毎日為すこともなく、朝から晩まで無為に横臥して居たにかかはらず、まるで退屈といふ感を知らずにしまつた。稀にそれが来ても、却つて心地よい昼寝の夢に睡眠を誘ふばかりであつた。もし之れが、実の退屈といふものならば、退屈は願はしいものだと思つた。しかもこんな経験は、かつて健康の時に一度も無かつた。

この病気の経験から、私は「無為自然」といふ哲学の意味を知つた。私はエピクルスを知り、老子を知り、そして尚且つストイックの本来の意味さへ解つた。すべて此等の宗教(?)は、人生に安心立命の道を教へる。そしてこの安心立命に至る手段は、要するに慾望を捨て、義務感を去り、生活に対する一切の責任感をあきらめてしまふことにあるのだ。既に一切をあきらめる。故に焦燥もなく、煩悶もなく、義務感もなく、真に、無為不善でありながら、しかもまたその無為によつて退屈に悩まされることもない。即ち所謂「悠々自適」の境に達し、安心立命して暮すことができるのだ。

優れたエッセイだと思います。文章が洗練されていて、論理の展開が自然で、考えさせられる内容があります。

普通に考えますと、病床に臥していれば退屈してしまいそうです。ところが、ここで萩原朔太郎は、病床にいると「不断の退屈感が消え」てしまうと述べています。その理由について、「いかにも」と思わせるような説明をしています。

書く材料の探し方

このエッセイで朔太郎は、「天井裏にゐる一疋の蠅を見てゐるだけでも」、退屈なしに、一日を過ごすことができたと言っています。これは、病床生活は退屈に違いないという凡人の先入観を、完全に打ち破るものです。

皆さんの中に、「文章を書きたい気持ちはあるが、材料が見つからない」と悩んでおられる方がいらっしゃるとしたら、そういった考え方は、改めていただく必要があるでしょう。「材料が見つからない」のではなく、「材料の探し方に問題がある」のです。たまたま病床生活を送ることになった朔太郎は、その病床で、いろいろなことを考えました。いろいろなものを観察し、いろいろなことを発見しました。そして、その結果を、「病床生活からの一発見」というエッセイにまとめました。

このエッセイを読みますと、文章の「材料」など、どこにでもころがっているということが、よく理解できます。病床から観察する「一疋の蠅」も文章の材料です。病床での内省によって、たどりついた境地も、文章の材料です。

「文章を書きたい気持ちはあるが、材料が見つからない」と悩んでおられる方は、ぜひ、もう一度、ご自身の身辺を観察してみてください。また、できれば、このエッセイの全文を参照していただければと思います。

病床に臥す前の精神状態

ところで、引用文中に、「為すべき仕事を控へて、しかもそれに手がつかないから退屈するのだ」（傍線）というところがあります。こうした「退屈」の解釈は、一般的なものとは言えません。あくまでも、朔太郎独自の解釈です。かなり無理のある解釈です。この無理な解釈は、病床に臥す前の朔太郎が陥っていた精神状態を物語っていると思われます。

朔太郎は、このエッセイの冒頭で、病床に臥す前の自分の精神状態について、赤裸々に語っています。先ほど、引用したのは、そのあとの部分からです。朔太郎が病床に臥すことになった病気は、脚気、リウマチ、痔疾、心臓のうちのひとつ、あるいは複数だったのでしょう。しかし彼が、精神的にも病んでいたことは、本人自身も認めていたところです（エッセイ「狼言」、『日本への回帰』所収）。

さて、ここで設問です。病床に臥す前の朔太郎が陥っていた精神状態に関するものです。

設問❺

萩原朔太郎は、エッセイ「病床生活からの一発見」の冒頭で、病床に臥す前の自分の精神状態について、いろいろと語っています。次のa～eのうち、朔太郎がそこで、「語っていない」ものをひとつ選んでください。

a　無限の負債を背負っているという毎日だった。
b　何らか、有意義な仕事をしなければならないと考えていた。
c　「私は駄目だ」という意識が、自分の心を墓穴の底に引きずり込んだ。
d　仕事の依頼など、もう永久に来ないだろうという不安に襲われた。
e　精神的な苦痛をまぎらわすために、酒を飲まずにはいられなかった。

解答

d

解説

a、b、c、eは、いずれも、萩原朔太郎がエッセイの冒頭で語っていることです。一九三七年（昭和一二）前後の朔太郎は、執筆、座談会、講演等で多忙をきわめていました。まさに、「為すべき無限の負債を背負つてる」感を抱いていたのです。したがって、dの不安はありえません。実際に、このエッセイで、そのようなことは語っていません。

第5講まとめ
▼文章の「材料」は、どこにでもころがっている。
▼病床生活というのは、自分のことを内省するよい機会である。

第6講

明確なメッセージを発しよう

伊丹万作の戦争責任論

映画監督として知られた伊丹万作（いたみまんさく）（一九〇〇～一九四六）に「戦争責任者の問題」というエッセイがあります。次に、その一部を引いてみます。初出は、『映画春秋』の創刊号（一九四六年八月）ですが、「青空文庫」から引用します。かなづかいは青空文庫のまま、ルビは引用者によるものです。

一

さて、多くの人が、今度の戦争でだまされていたという。みながみな口を揃えてだまされていたという。私の知つている範囲ではおれがだましたのだといつた人間はまだ一人もいない。ここらあたりから、もうぼつぼつわからなくなつてくる。多くの人はだましたものとだまされたものとの区別は、はつきりしていると思つているようであるが、それが実は錯覚らしいのである。たとえば、民間のものは軍や官にだまされたと思つているが、軍や官の中へはいればみな上のほうをさして、上からだまされたというだろう。上のほうへ行けば、さらにもつと上のほうからだまされたというにきまつている。すると、最後にはたつた一人か二人の人間が残る勘定になるが、いくら何でも、わずか一人や二人の智慧で一億の人間がだませるわけのものではない。

すなわち、だましていた人間の数は、一般に考えられているよりもはるかに多かつたにちがいないのである。しかもそれは、「だまし」の専門家と「だまされ」の専門家とに画然と分れていたわけではなく、いま、一人の人間がだれかにだまされると、次の瞬間には、もうその男が別のだれかをつかまえてだますというようなことを際限なくくりかえしていたので、つまり日本人全体が夢中になつて互にだましたりだまされたりしていたのだろうと思う。

このことは、戦争中の末端行政の現われ方や、新聞報道の愚劣さや、ラジオのばかばかしさや、さては、町会、隣組、警防団、婦人会といつたような民間の組織がいかに熱心にかつ自発的にだます側に協力していたかを思い出してみれば直(す)ぐにわかることである。

たとえば、最も手近な服装の問題にしても、ゲートルを巻かなければ門から一歩も出られないようなこつけいなことにしてしまつたのは、政府でも官庁でもなく、むしろ国民自身だつたのである。私のような病人は、ついに一度もあの醜い戦闘帽というものを持たずにすんだが、たまに外出するとき、普通のあり合わせの帽子をかぶつて出ると、たちまち国賊を見つけたような憎悪の眼を光らせたのは、だれでもない、親愛なる同胞諸君であつたことを私は忘れない。もともと、服装は、実用的要求に幾分かの美的要求が結合したものであつて、思想的表現ではないのである。しかるに我が同胞諸君は、服装をもつて唯一の思想的表現なりと勘違いしたか、そうでなかつたら思想をカムフラージュする最も簡易な隠れ蓑としてそれを愛用したのであろう。そしてたまたま服装をその本来の意味に扱つている人間を見ると、彼らは眉を逆立てて憤慨するか、ないしは、眉を逆立てる演技をして見せることによつて、自分の立場の保釁につとめていたのであろう。

少なくとも戦争の期間をつうじて、だれが一番直接に、そして連続的に我々を圧迫しつづけたか、苦しめつづけたかということを考えるとき、だれの記憶にも直ぐ蘇つてくるのは、直ぐ近所の小商人の顔であり、隣組長や町会長の顔であり、あるいは郊外の百姓の顔であり、あるいは区役所や郵便局や交通機関や配給機関などの小役人や雇員や労働者であり、あるいは学校の先生であり、といつたように、我々が日常的な生活を営むうえにおいていやでも接触しなければならない、あらゆる身近な人々であつたということはいつたい何を意味

——するのであろうか。

被害者を装ってはいけない

「だまされていた」と、被害者を装うことによって、「戦争責任」を他人に押しつけることは許されない。——これが、このエッセイで、伊丹万作が強調したかったことです。文章はわかりやすく、論理的です。「例」の引き方も巧みです。

当時、「被害者」を装っていた多くの日本人に対して、あるいは、このエッセイを読んでいる読者諸氏に対して、伊丹は、強烈なメッセージを放っています。

政治学者の丸山眞男は、一九四六年（昭和二一）三月に、「超国家主義の論理と心理」という論文を発表しました。この論文の趣旨は、伊丹のエッセイと通じるところがありますす。つまり、伊丹の主張するところは、完全なオリジナルとは言えない可能性があります。しかし、わかりやすさ、説得力という点で、何よりもメッセージ性という点で、伊丹のエッセイは、丸山の論文よりも勝っています。

ここで、メッセージ性のある文章が成り立つ条件を考えてみましょう。まず、その書き手の側が、明確なメッセージを持っていなければなりません。また、そのメッセージを読み手に伝えたいという意思がなければなりません。その上で、書き手には、明快な論理、適切な例示、わかりやすい文体を駆使できる力量が求められます。

一方、そのメッセージが受け入れられるためには、それが月並みでなく、新鮮なものである必要があります。「月並みでない」と言っても、常識とかけはなれたものでは、世間に受け入れられません。世間の人々がウスウス気づいていながら、まだハッキリした形では言語化されていなかったようなもの、それが、「新鮮な」メッセージです。

伊丹万作のエッセイ「戦争責任者の問題」には、明確にして新鮮なメッセージが盛りこまれています。そのメッセージは、多くの日本人がウスウス気づいていたことであり、多くの日本人の痛いところを突いています。そのメッセージが盛られた文章は、論理的で、わかりやすく、説得力があります。ここでは、最初のほうの一部しか紹介できませんでしたが、読者の皆さんには、ぜひ、全文を読まれることを、お勧めします。

と申し上げたところで、設問です。

設問❻

伊丹万作は、このエッセイで、右に引用した部分のあとも、いろいろなことを述べています。以下に、そうした言葉を引いてみますが、このなかに、ひとつだけ、伊丹が「言っていない」言葉がまざっています。その言っていない言葉を指摘してください。

1　私はさらに進んで、「だまされるということ自体がすでに一つの悪である」ことを主張したいのである。

2　だまされるということはもちろん知識の不足からもくるが、半分は信念すなわち意志の薄弱からくるのである。

3　家畜的な盲従に自己の一切をゆだねるようになってしまっていた国民全体の文化的無気力、無自覚、無反省、無責任などが悪の本体なのである。

4　「だまされていた」といって平気でいられる国民なら、おそらく今後も何度でもだまされるだろう。

5　一度だまされたら、二度とだまされまいとする真剣な自己反省と努力がなければ人間が進歩するわけはない。

6　私は本質的には熱心なる平和主義者である。

7　戦争が始まってからのちの私は、ただ自国の勝つこと以外は何も望まなかった。

8　一本の戦争映画も作らなかったという理由から、私には人を裁く側にまわる権利がある。

解答

8

解説

1から7までは、すべて、「戦争責任者の問題」にある伊丹自身の言葉です。8だけは違います。伊丹は、戦争中、「自国の勝つこと以外は何も望まなかった」自分が、「偶然のなりゆきから一本の戦争映画も作らなかったというだけの理由で、どうして人を裁く側にまわる権利があろう。」と述べています。

補足

伊丹万作は、このエッセイの最後に、自分は、「ほとんど日夜静臥中の病人」であると述べています。このエッセイも、病床で書いたのでしょう。伊丹は、寝たままで字を書く場合、文字はカタカナのほうが書きやすいと言っていました（「カタカナニツイテ」、大江健三郎編『伊丹万作エッセイ集』筑摩書房、一九七一）。この文章も、原稿段階では、カタカナ文だった可能性が高いと思います。なお、伊丹は、このエッセイが発表された直後の九月二一日に、四十六歳で亡くなっています。

第6講まとめ

▼文章を書く以上、書き手は、文章に明確なメッセージを盛る必要がある。
▼文章の書き手は、読み手にメッセージを届ける意思がなければならない。
▼文章の書き手には、明快な論理と平明な文体を駆使する力が求められる。

第7講 難しい理論でもわかりやすく説く

三浦つとむと吉本隆明

初期の講談社学術文庫の一冊に、三浦つとむ著『日本語はどういう言語か』（一九七六年六月）があります。元版は、講談社ミリオンブックス版（一九五六）ですが、文庫化にあたって、「改訂」がおこなわれているもようです（文庫版「まえがき」）。三浦つとむ（一九一一～一九八九）は、在野の言語学者・思想家で、『認識と言語の理論』全三部（勁草書房、一九六七～一九七二）など、多数の著書があります。

この文庫版の「解説」は、詩人にして思想家の吉本隆明（一九二四～二〇一二）が担当しています。この解説で吉本隆明は、みずからの言語理論を確立するにあたって、三浦の『日本語はどういう言語か』から多くを学んだと述べています。吉本は、この本が、いかに優れた本であるかを強調するとともに、みずからが、この本から、何を学んだかを、具体的に述べています。

つまり、この「解説」は、三浦つとむの言語理論の解説であると同時に、吉本隆明の言語理論の解説にもなっています。ちなみに、吉本は、一九七五年の五月および一〇月に、『言語にとって美とはなにか』全二巻（勁草書房）を上梓し、みずからの言語理論を世に問うていきます。三浦の文庫本に「解説」を執筆したのは、その翌年ということになります。

さて、吉本隆明の「解説」を少し引用してみましょう。傍線は、引用者が引きました。

……文学に関する理論は、言語の解析からはじまるか、具体的な作品の逐次的な解析からはじまる以外にはない、というのが、わたしの到達した結論であった。この結論は、すでに、小林秀雄によって、言及されていた。ただ、それを、実行していないだけだ。また、科学的と称する批評が、すこしも科学的でないことも、はっきりしていた。私情をまじえないスタイルで、私情をのべても、政策を秘したスタイルで、文芸政策を述べても、べつに科学的ではない。また、どんな稠密に論じても、感想や印象の集積は、やはり感想批評、印象批評にしかすぎない。

こういう問題を抱えこんで、さまざまな思いをめぐらしているとき、三浦つとむの『日本語はどういう言語か』という著書につきあたった。この著書は、啓蒙的なスタイルをとった小冊子だったが、内容は、きわめて高度で、画期的なものであった。その上、文学作品を解析するのに、これほど優れた武器を提供してくれる著書は、眼に触れるかぎり、内外の言語学者の著作のうちに、なかったのである。わたしは、抱えこんでいた問題意識に照らして、この著書の価値が、すぐに判った。この著書を、うまく、文学の理論につかえるのは、たぶん、わたしだけだろうということも、すぐに直観された。

まず、わたしは、文学作品の言葉を、〈表現〉という次元に位置づけなければならないことを、徹底的に思い知らされた。言葉が、紡ぎ出されてゆくためには、こちら側に、認識の動きがなければならぬ。読み手が、たどるのは、あちら側に〈表現〉された言葉だが、作品を紡ぎ出したこちら側にとって、言葉は、〈表限〉された認識の動きの結果である。そうだとすれば、読み手は、作品の言葉をたどりながら、同時に、作者の認識の動きを追っているのだ。また、言葉が紡ぎ出されたとき、紡ぎ出した作者は、いわば、言葉によって、逆にじぶんの位置をはっきりと認識される。こう云うと、いかにも簡単なようだが、どんな言語学の著書も、対象と認識と表現との関係を、これだけ明快に、指摘してはくれなかったのである。三浦つとむのこの基本的な指摘は、すぐに有効なことがわかった。〈二七〇〜二七一ページ〉

三浦つとむの言語理論の紹介は、さらに続きますが、一度、ここで切りましょう。

まず注目したいのは、文章が、とても読みやすいことです。

吉本隆明という思想家は、その文章が、きわめて難解なことで知られています。ところが、この文章は、「本当に、これが吉本の文章なのか」と思うほど、読みやすく、わかりやすいものになっています。

各センテンスは短めで、読点（テン）も多めに使われています。しかし、説かれている内容は、かなり高度です。ここで吉本は、「対象と認識と表現との関係」に関する、かなり高度な理論を、平明に、誰にでもわかるように説いているのです。

早速ですが、ここで演習です。

演習❼

引用した文章中に、「こう云うと、いかにも簡単なようだが」（傍線）という箇所があります。「こう云うと」に相当する吉本隆明の説明を、八〇字程度でまとめてください。

解答例

作者の認識の動きを言葉で表限したものが作品である。読み手は作品の言葉をたどりながら作者の認識の動きを追う。作者は逆に自分が表現した言葉によって自分を再認識する。

〔八〇字〕

解説

「八〇字程度」というと、こんなところでしょうか。しかし、こういうふうにまとめてしまいますと、抽象的すぎて、吉本が説こうとしたことが、うまく伝わってきません。そこで、吉本の説明を読み直してみますと、「あちら側」「こちら側」「紡ぎ出されてゆく」など、読み手にイメージを喚起させるような言葉が用いられています。吉本は、高度な理論を、わかりやすく伝えるために、あえて、そのような表現を用いているのでしょう。

わかりやすい文章とは

わかりやすい文章というものがある以上、わかりにくい文章というものもあります。ためしに、わかりにくい文章の例を挙げてみましょう。

次に挙げるのは、吉本隆明著『言語にとって美とはなにか』第II巻の二五四～二五五ページにある一節です。

> 言語は、本質的には、このような対象指示の動因と、幻想的な人間（人間の幻想性）の自己認識における現在性、いいかえれば人間の幻想性の共同的な性格の表出としての動因とによってはさまれている。だから言語のもうひとつの決定因は、歴史的に累積された幻想性の共同意識の現存性である。

先ほど、吉本隆明の文章は難解なことで知られていると申しましたが、その吉本の難解な文章としては、右のような文章をイメージしていたのです。

右の文章に関して言えば、前後の脈略から、ここだけを切り離してしまったら、理解は難しいということがあるでしょう。しかし、その点を除いたとしても、吉本が用いる独自の概念に通じていないと、この文章は理解できません。あるいは、吉本の思想そのものに通じていないと、この文章は理解できないと言ってもよいでしょう。

この文章と比べますと、同じ人物が書いた文章でありながら、『日本語はどういう言語か』を解説した文章は、格段にわかりやすくなっています。この点は、読者の皆さんも実感していただけるのではないでしょうか。

ここで、もう一度、吉本の「解説」の文章を読んでみます。なぜ、この文章は、わかりやすいのでしょうか。

たぶん、次のようなことが指摘できるでしょう。①難しい用語が使われていない。②これといった予備知識がなくても理解できる。③センテンスが短く、読点（テン）が多い。

このほか、【演習❼】の【解説】で触れましたように、「あちら側」「こちら側」「紡ぎ出されてゆく」など、読み手にイメージを喚起させるような言葉が、意図的に用いられています。

ところで、吉本の「解説」で最も重要と思われるは、私見では、先ほど引用した部分の、すぐあとの部分です。そこで吉本は、三浦の言語理論の核心部分（吉本が核心と捉えた部分）に言及しています。しかし、その紹介は、第六部理論編第22講に譲ります。

なお、先ほどの【演習❼】では、「こう云うと、いかにも簡単なようだが」という一句に注目しました。この一句は、「こういうと、高度な理論が、いかにも簡単そうに聞こえるかもしれないが」といった意味だと思います。同時に、この一句は、「このあと、もう少し込みいった話をすることになるが」というメッセージでもあったようです。その「込みいった話」についても、第22講を参照してください。

第7講 まとめ

▼難解な文章で知られる吉本隆明にも、平易でわかりやすい文章がある。

▼どんなに高度な理論でも、工夫次第では、わかりやすく説明できる。

【文章術名言集】その2

- 私は、自分の小説の勝手が分らないので、同じ社にいる文学好きの若い同僚を外に誘い出しては、電灯会社の電柱置場に腰を下ろし、進行した文章を朗読して聞かせた。
  松本清張〔1970：P151〕
- いま、よい文章を綴る作業は、過去と未来をしっかり結び合わせる仕事にほかならない。
  井上ひさし〔2015：P15〕
- 日本語をきちんと書けない人が、自分の専門分野だというので翻訳をしたり、本を書いたりするのは、それこそいかがなものかな。
  鈴木主税〔2000：P100〕

第三部

口語編

「語り」の口調を活かす

第二部第4講を受けて、第三部では、「話し言葉」について考えます。いわゆる「口語体」と「話し言葉」とは違うものです。ここでは、文字通りの「口語」、すなわち「話し言葉」を、ほぼそのまま用いている文章について研究します。

第8講 文章に再現された講談師の話芸

明治講談界の第一人者

日本で最初に「演説」というものを始めたのは、福沢諭吉でした。福沢諭吉は、「演説」のスタイルについて試行錯誤していたときに、講釈師の松林伯円（しょうりんはくえん）（二代目）に「弁舌」を学んだとされています。このことは、前著『独学で歴史家になる方法』でも触れました。

二代目松林伯円（一八三四〜一九〇五）は、人気と実力を兼ね備えた名講釈師でした。演芸評論家の野村無名庵に、『本朝話人伝』（協栄出版社、一九四四）という名著がありますが、そこで野村は、二代目伯円を「明治講談界の第一人者」としています。二代目伯円は、非常に逸話の多い人で、明治初期に「改良講談」というものに挑戦したことや、明治天皇の前で「楠公（なんこう）桜井駅訣別」の一席を講じたことなどが知られています。

これは、あまり知られていませんが、二代目伯円は、山県有朋とともに、沖縄を訪問したこともあります。一八八六年（明治一九）二月に、山県有朋内務大臣（当時、伯爵）の一行が、御用船「長門丸」に乗って沖縄を巡視した際に、なぜか伯円も、この一行に加わっていました。のちに伯円は、この巡視の際のエピソードを、面白おかしく語っています。内容も珍しく、また、「口語」（話し言葉）の資料としても注目に値します。

この沖縄訪問の話は、関如来（にょらい）編『当世名家蓄音機』（文禄堂、一九〇〇）の中の一篇「松林伯円……経歴談」の最後に出てきます。ちなみに、同書のタイトルは、大家・名家の話を「蓄音機」のように正確に再現したという意味のようです。実際には、「蓄音」ではなく、「筆記」していたのではないかと推測します。

同書の「自序」によりますと、編者の関如来（一八六六～一九三八）は、取材のとき読売新聞記者でした。取材をおこなったのは、一八九六年（明治二九）の四月以降の数か月間で、その記事は、当時の『読売新聞』に掲載されているはずです（未確認）。

八重山での松林伯円

さて、伯円の回想によりますと、この沖縄巡視の際に立ち寄った八重山（石垣島）で、一行は、島司からイノシシ二頭を献上されたそうです。しかし山県有朋は、軍医と相談の上、これを廃棄することにします。衛生上の問題が心配されたからです。このとき、山県は伯円を呼びつけ、甲板上から、このイノシシを海中に投じるよう命じました。しかし、そこは講釈師です。すぐに捨ててしまうようなことはしません。即興で、一芝居打つわけです。

以下は、引用です。かなづかいは原文のまま、ルビも原文のままです。

……今度(このたび)は伯円のお召(めし)といふ、よつて早速御前に参りますと、腐敗に近い野猪(しゝ)など食して、若(もし)もの事あツては面目次第もなし、早速海中に投げてしまへとの御言葉です、固(もと)より伯(はく)の御命令ですから、直(たゞ)ちに投(なげ)ましても宜しい様(やう)なものですが、それでは船員一同の手前、何となく私が伯の威(ゐ)を借るように思われましても面白くありませんし、かつは只今一同熱心に之(これ)を食べやうと楽(たのし)み勇んで居ります時ですから、とりわけ心を砕きました末、向鉢巻(むかふはちまき)、縄襷(なはだすき)で、野猪(しゝ)一匹小脇にかい込み、舷頭(げんとう)に足踏んまえて大海も裂けよとばかりの大音声(だいおんじやう)、

如何に八大龍王、海底の鱗介(うろくづ)もよツく聞け、今恐れ多くも大日本　天皇陛下の勅命によつて南島を巡回為(な)す、内務大臣山県有朋伯の御内(みうち)に其人有りと知られたる松林伯円とは浮世をしのぶ仮(かり)の名、実(まこと)本名は若林義行(よしゆき)といふ天下の豪傑を知らざる乎(か)、今大臣の命により龍宮の乙姫に野猪(しゝ)二匹を贈らる、乙姫霊あらば波間(なみま)を抜けてこの船に来(きた)り受けよ、若し来らんには我々に一層婀娜(あだ)やかなる御姿(おすがた)を現はし給へ、聞く乙姫は何時も二八あまりに見えさせ給ふと、此野猪(このやちよ)を贈るも不思議の因縁、さればこそ世には志ゝを十六とは申すなり

と叫びつゝ船中の人々アツと笑へる真最中(まつさいちう)ざんぶとこそは海底に投げ込んだり、アツと云ふ間に野猪(しゝ)は波間に浮きつ沈みつ、上つ方(うへかた)は大喝采、下つ方(しもかた)は大不平、(ママ)

記者に語った回想談ですが、すでに、ひとつの「講談」になっています。さすがは名講釈師です。

しかし、どうでしょうか。読者の皆さんには、この古い文章が読みとれたでしょうか。もし、読みとれなかったという場合、それは、語り手である松林伯円のせいではありません。伯円は、講談調の軽快な話し言葉で、これを語っています。百二十年以上前の話し言葉ですが、今日、私たちが使っている話し言葉と、基本的には同じものです。

もし、この文章が読みとれなかったとしたら、それは、松林伯円の「話し言葉」が理解できないというのではなく、それを文字に起した「書き言葉」が、今日となっては、読み取りにくいものになっているということでしょう。

かといって、伯円の話を文字に起した記者を責めることはできません。記者の関如来は、伯円の「話し言葉」を、極力、そのままの形で、文字に起し、文章化しています。ただ、文字に起し、文章化するにあたっては、どうしても、その当時の「書き言葉」のルールに従わざるをえません。松林伯円の「話し言葉」そのものは、軽快なものだったはずですが、それを記録した同時代の「書き言葉」は、今日の私たちにとって、かなり読み取りにくいものになっています。

さて、ここで演習です。かなり難しい課題ですが、ぜひトライしてください。

演習❽

右に引用した「回想談」を、今日、使われている「書き言葉」を使って書き直してください。句読点の打ち方、漢字の使い方、送りがなの使い方、ルビの表記などは、皆さんの判断にお任せします。

解答例

……このたびは、伯円のお召（めし）という。よってさっそく御前に参りますと、腐敗に近い野猪（シシ）など食して、もしものことあっては、面目次第もなし、さっそく海中に投げてしまえとのお言葉です。もとより伯〔山県伯爵〕のご命令ですから、ただちに投げましてもよろしいようなものですが、それでは船員一同の手前、何となく私が伯の威を借るように思われましても面白くありませんし、かつは、ただ今一同熱心にこれを食べようと楽しみ勇んでおります時ですから、とりわけ心を砕きました末、向う鉢巻、縄だすきで、野猪（シシ）一匹、小脇にかい込み、舷頭（げんとう）〔ふなべり〕に足踏んまえて、大海も裂けよとばかりの大音声（だいおんじょう）。

「いかに八大龍王、海底の鱗介（うろくず）もよっく聞け。今、恐れ多くも大日本天皇陛下の勅命によって南島を巡回なす、内務大臣山県有朋伯の御内（みうち）に、その人ありと知られたる松林伯円とは、浮世をしのぶ仮りの名、まこと本名は、若林義行（よしゆき）という天下の豪傑を知らざるか。今大臣の命により、龍宮の乙姫に、野猪（シシ）二匹を贈らる。乙姫、霊あらば、波間を抜けて、この船に来り受けよ。もし来らんには、我々に、いっそうアダやかなるお姿を現わしたまえ。聞く、乙姫はいつも二八〔十六歳〕あまりに見えさせたまうと。この野猪（ヤチヨ）を贈るも不思議の因縁。さればこそ、世には、ししを十六とは申すなり。」と叫びつつ、船中の人々、アッと笑える真っ最中、ざんぶとこそは、海底に投げ込んだり。アッという間に、野猪（シシ）は、波間に浮きつ沈みつ。上つ方は大喝采、下つ方は大不平。

解説

まず、句点（マル）を用いて、「センテンス」を明確にしました。次に、読点（テン）多めに用いて、意味を取りやすくしました。かなづかいと送りがなは、現代のものに直しました。一部の漢字をひらがなに改めました。読みにくい漢字には、ルビを振りました。その他、伯円が、大音声を発したところは、カギカッコで括りました。

補足

「野猪」の読みは、「シシ」と「ヤチヨ」とを使い分けているようなので、カッコで、その使い分けがわかるようにしました。また、老婆心から、一部の語句に、〔　〕で注釈をおこないました。

話術と筆記力

伯円が記者に語った体験談は、「現代の書き言葉」によって書き直しますと、ある程度、語りの雰囲気を再現することができるようです。少なくとも、「話し言葉」を再現する力という点では、明治期の「書き言葉」より、現代の「書き言葉」が勝っていると言えそうです。

さて、この伯円の体験談を読んで、わたしは三つのことに感心させられました。第一に、伯円の「記憶力」です。十数年前の出来事を、つい昨日のことのように語る、その記憶力です。第二に、伯円のアドリブ力です。船員一同の前で、とっさに、「松林伯円とは浮世をしのぶ仮りの名、まこと本名は若林義行という天下の豪傑」云々とやってのける、そのアドリブ力です。第三に、そうした伯円の語りを、正確に記録しえた関如来の筆記力です。明治期の講談師の話芸、明治期の記者の筆記力、ともに畏るべし、と驚かされた文章でした。

第8講 まとめ

▼「話し言葉」を「書き言葉」に変換するのは、かなり難しい作業である。
▼明治期の「話し言葉」は、現代の「書き言葉」によって、かなり再現できる。

第9講 講演の速記をそのまま本にする

演説を得意とした石原莞爾

石原莞爾（一八八九〜一九四九）という人物がいます。満洲事変を主導した陸軍の軍人ですが、軍事思想家・宗教家としても知られています。

この人は、「演説」を得意とする人だったのではないでしょうか。そのことに気づいたのは、七、八年ほど前、大熊信行の『戦争責任論――戦後思潮の展望』（唯人社、一九四八）という本を読んだときです。そこには、終戦直後の一九四五年（昭和二〇）九月三日、郡山市の公園で開かれた東亜連盟福島県支部連合大会で、石原莞爾が、一万人の聴衆を前にして、「敗戦は神意なり」と題する講演をおこなったときの模様が紹介されていました。

この時期、どうして、それだけの数の聴衆を集めることができたのか不思議ですが、ともかく、その日、石原は、午前十時から約一時間半にわたって、麓山公園広場を埋めつくした聴衆に向かって、獅子吼したそうです。よほど演説に慣れていなければ、よほど演説を得意としていなければ、こういう芸当はできません。

その石原の講演・講話などを記録した本が何冊か出ています。有名な『世界最終戦論』（一九四〇年九月、立命館出版部）も、講演を記録した小冊子です。これは「石原莞爾述」とあって、一九四〇年（昭和一五）五月に、京都義方会でおこなった講演のもようを収録したものです。国立国会図書館の書誌データを見ますと、「石原莞爾述」となっている本は、このほかにもあります。

食糧問題は解決する

いま机上に、『国防政治論』（聖紀書房、一九四二年一〇月）という本があります。「石原莞爾著」となっていますが、実は、この本もまた、石原がおこなった三つの講演を収録した本です。当時の石原は、機会を捉えて、いろいろなところで講演をおこなっていました。その講演の内容が、そのまま本になることもありました。彼は、演説には慣れていたし、それを得意としていたと考えられます。

『国防政治論』の第一部は、「国防政治論」となっています。これは、一九四二年（昭和一七）一月三日から五日まで、千葉県小湊（こみなと）で開かれた東亜連盟講習会でおこなわれた、同じタイトルの講演を起したものです。

次に、その一部を紹介してみましょう。「食糧問題」を論じているところです。ルビは、引用者が振りました。〔　〕内は、引用者による補注です。

近時体位の低下が酷いのであります。厚生政策が最近始められましたが、どうも今日の厚生政策は、重大なポイントを摑まへてゐないと思ひます。スポーツによつては必ずしも体位の向上はしないのであります。正しき生活によつて始めて我々の体位が向上するのです。古い西洋の宣教師あたりの書いたものがあるそうです。戦国時代の日本人は、世界で最も立派な体格の持主だつたらしいのです。戦国時代の鎧(よろい)を我々が着たならば駄目です。和田君か、村井さんあたりはいゝが、中村勝正君なんか三人位入る（笑声）。日本人の体格はとても小さくなつた。今の軍務局長の武藤〔章〕中将から聞いたが、彼がドレスデンの博物館に行つて西洋人の着た鎧を見ると小さい。ドイツ人に、「君等あれ着れるか」と尋ねたら、「とても小さくて着れない」と答へたさうであります。日本人は小さくなつたし、西洋人は大きくなつた。それで、今日の西洋人と日本人の身体の違ひが出来た。これは、食べものを中心とする日本人の生活の堕落によるのであります。殊に明治以後になつて殆ど皆歯医者に税金(ママ)をかけてゐる。私のやうに歯医者に金をかけないのは正しい生活をしてゐる人間だが、（笑声）殆ど全部の人が金をかけてゐる。なんでも明治の初年に、歯医者の開業に来た西洋人の商売は成立たなかつた。ところが今日はどこへ行つても歯医者がゐる。この原因は色々ありませうが、一番は我々の主食であるところの米であります。戦国時代迄は玄米を食べてゐたが、徳川時代になつてからは半搗米(はんつきまい)を食べる様になり、明治時代になつて真白い御飯となつた。また明治以後白砂糖と云ふ毒物を、製糖会社の宣伝家の如く小学校の先生まで、白砂糖の消費量は文化のバロメーターだといふやうなことを言ふので、日本人は盛んに食べ、今日の如き体位となつた。再びこれを正しき生活に還すことが必要であります。衣食住全部に亘りますが、先づ私は、玄米食をどこまでもお勧めしたい。不思議に東亜連盟運動者には玄米食の運動者が非常に多い。静岡の中田録郎氏はその尤なるものであります。仙台の鈴木文平氏の如きは今では玄米を生で食べてをります。鈴木氏の奥さんが脊髄カリエスに罹つた時、玄米を食べて癒りました。その後子供さん二人生れたのでありますが、玄米を食べる前の子と後の子とはまるで健康が違つてゐる。それ以来玄米を神様扱ひしてゐる。玄米さへ食べれば、今の食糧問題は解決する。五千万石あれば不足ありません。殊に、私は農村に先づ勧めたいと言つてをるのであります。最近農村の体位がとても悪い。この間弘前師団に行つて師団司令部の人に聞くと、百姓の体格はこの二、三年とても悪い。板垣征四郎大将の生れた付近即ち岩手県の北、青森県の東半分は稗を食つてゐるらしい、米が少い。それで私はよく板垣稗四郎と言ふと、非常に憤慨して、「俺は稗なんか食はん」と言ふ。「あなたは稗を食つたから偉くなつた（笑声）。さう憤慨する必要はない」この辺は例外として今日でも体位が低下しない。所が農村は最近の食糧政策で真ツ白の米を食べてゐる。糠を馬に食はせて自分等は白米を食べてゐる。粕は白米と書く。馬に大事なものを食はせて自分は粕を食べて体位が退化してゐる（笑声）。

石原莞爾の話術

石原が、巧みな話術で聴衆を沸かせている様子が読みとれます。ただし、説かれている内容は、論理的ではありません。もちろん、学問的でもありません。

たとえば、「百姓の体格はこの二、三年とても悪い」という話が紹介されます。これは、昭和初年に農村を直撃した、いわゆる「昭和恐慌」の時期に生育した子どもたちが、昭和一〇年代の半ばになって、徴兵年齢に達していたことを示していると捉えるべきでしょう。しかし、石原莞爾は、そのことには触れようともしません。

また、鈴木文平という人の奥さんは、玄米を食べた結果、「脊髄カリエス」が治ったと言っていますが、玄米食と脊髄カリエス治癒の因果関係についての説明はありません。なお、ここで「脊髄カリエス」とあるのは、「脊椎(せきつい)カリエス」の誤記だと思います。

そういった与太話であるにもかかわらず、聴衆には、「受けて」います。随所に、(笑声)とあることが、それを物語っています。石原の話術が巧みだったからです。話術が巧みな人であれば、かつまた、その人が著名人であれば、その講演を記録した本も、商品としての価値を持つわけです。

さて、ここで演習です。石原莞爾の「話術」についてです。

演習❾

石原莞爾の講演は、なぜ聴衆に受けているのでしょうか。右の文章をよく読み、彼の話術の秘密を探ってください。

解答例

この文章を読んだ限りだが、石原莞爾の話術には、いくつかの特徴が見られる。第一に、あえて極論や珍説を唱えて、聴衆の関心を引くという点、第二に、その極論や珍説を、もっともらしい例を示しながら説明している点、第三に、その例を示す際に、聴衆が知っている人物の名前を出している点。特に第三の点が、聴衆に「受ける」秘密になっているようだ。

解説

石原は、引用した箇所の最初のほうで、「中村勝正君なんか三人位入る」といって、笑いをとっています。おそらく、中村勝正君というのは、この講習会の関係者で、その場にいた人物なのでしょう。聴衆は、その名前も顔も知っていますし、その体格も知っています。そうした人物を引き合い出すことで、「受け」を狙っているわけです。また、「稗」の重要性を説くのに、わざわざ板垣征四郎という当時の著名人の名前を出し、しかも、その板垣征四郎を憤慨させたエピソードまで紹介しています。要するに石原は、どういうことを話せば聴衆が笑うかというツボを、よく理解していたということです。

補足

この講演記録は、あくまでも、文章に起したものです。文章からは、十分、読みとることができませんが、石原莞爾は、話の「間」の取り方といったものも、心得ていたのではないかと推察できます。

たとえば、板垣征四郎大将に言及したところでは、「あなたは稗を食つたから偉くなつた（笑声）。さう憤慨する必要はない」とあります。その前に石原は、「板垣稗四郎」という言葉を出しています。聴衆は、そこでは、すぐに反応できなかったのでしょう。ところが、「あなたは稗を食つたから偉くなつた」と言ったところで、「稗四郎」の意味がわかって、大笑いします。その大笑いが鎮まるのを待って、石原は、「さう憤慨する必要はない」と続けます。つまり、「さう憤慨する必要はない」と言う前に、石原は、わざと「間」を置いたのではないでしょうか。あくまでも推測に過ぎませんが、演説や講演を得意とし、話術に長けていた石原にとっては、こんなふうに「間」をコントロールすることは、簡単なことだったのではないでしょうか。

第9講 まとめ

▼講演などを文章化したものが、著書としての価値を持つことがある。
▼石原莞爾は、講演などにあたって、巧みな話術を操ることができた。

第10講 香具師の口上でしゃべろうか

香具師のタンカで書く

漫談家の坂野比呂志（一九一一〜一九八九）に、『香具師の口上でしゃべろうか』（草思社、一九八四）という著書があります。「香具師」は「やし」と読み、「口上」は「たんか」と読みます。

たいへん興味深い本です。興味深いというのは、第一に、その内容が破天荒だということ、第二に、その語り口がすばらしいということ、第三に、文章が、文字通りの「口語」（話し言葉）になっているということです。

坂野は、香具師出身の漫談家として知られていました。そして、この本は、文字通り、「香具師の口上で」書かれています。

前口上はさておき、少し引用してみましょう。一九三四年（昭和九）一〇月、日本を離れた坂野が、満州に踏み込むところです。ルビは原文の通り、傍線は引用者によるものです。

……発車だ。さあ、これで満州だ。満州といえば明治の末期、俺がいま踏みしめた満州を視察してハルビンに来たとき、群集のなかにいた朝鮮独立の志士安重根の撃った一発の銃弾に倒れた伊藤博文は、どんな思いで満州の土を踏んだだろう、なんて柄にもないことを考えて、武者震いなんかする始末。といってもそこは俺のことだ。だいたい満州なんていえば、

　ここはお国を何百里、
　離れて遠き満州の、
　赤い夕日にてらされて、
　友は野末の石の下

なんて、真下飛泉作の「戦友」がすぐ脳裏にうかぶけど、その真下さんとは俺も緑が深いんだ。この真下さんの家は深川八幡から洲崎遊廓寄りの、俗に土橋という汐見橋のすぐそばの酒問屋で「山城屋」、さかんなときは、後に横綱になった西ノ海が、その前身の源氏山時代からのご贔屓(ひいき)で知られた金持ちだったが、真下さんは俺の会ったときにゃ落魄して、汐見橋の二つ先の、心細さの細い路といったような細い露路の、湿っぽい貧乏長屋の突き当りの、六畳と四畳半に独身で開いた塾、ってえと体裁がいいけど、生徒九人という寺子屋の師匠だったんだ。その時分だから「戦友」がいくら日本中に歌われたって、印税一銭

もらえるわけじゃなし、それでも蓼喰う虫もなんとやらで、奥さんか女中かは、だァれも知らない変なおばさんが来てたっけが、俺を浅草によく連れてってくれた姉のますが真下学校の生徒だったんだ。朝早く、邪魔だから寺子屋へ行っといでと追ン出されて、俺も一緒についてったんだ。そしたら先生とおばさんが寝てたよ。布団の上下薄いのが一枚ずつだったね。俺は寒かったのに、先生とおばさんは暑かったんだろうね、裸だったよ。「おはようございます」ってったら先生は慌てたね。そしたらおばさんが、しっかりせよと抱き起し、仮繃帯も弾丸の中、って歌ってたみたいに先生を起して、白い晒の腹巻を、弾丸の中じゃない、先生の玉の上の、も一つ上へぐるぐる巻きつけてやりながら、俺と姉に、「表を掃いといてちょうだい」だって。だから俺はいわれたとおり姉ちゃんと掃除してたら、おばさんが出てきて、「蜜パンでも買いなさい、下らないことをいうんじゃないよ」って一銭くれた。俺は家へ帰るとすぐその下らない事の次第を阿母にいってしまった。いま思うと、俺が下らないことをいうのは歴史的に見てもずいぶん古いよ、いまだにいってるんだから。

シューッと、蒸気機関車の蒸気の音が昼の澄んだ大気を破って、その間を日本語で、ホーテン、ときた。さあ、いよいよ満州だ。……

しっかりせよと抱き起し

最初の、「発車だ。さあ、これで満州だ。」というところから、次の段落の「シューッと、蒸気機関車の蒸気の音が……」というところまで、完全に話が飛んでいます。

満州ということで、坂野はハルビンを思い出し、ハルビンということで伊藤博文を思い出します。さらに、軍歌「戦友」の「ここはお国を何百里、離れて遠き満州の、」という歌詞が脳裏に浮かび、その軍歌の作詞者である真下飛泉（一八七八〜一九二六）のことを思い出します。「真下さんとは俺も緑が深い」ということで、「真下学校」のことを思い出し、ある朝、真下学校で見た光景を思い出します。

それにしても、たいへんな話術です。「しっかりせよと抱き起し……」というところで、わたしは、思わず笑ってしまいました。しかし、「戦友」の歌詞を聞いたことのない方々には、このおもしろさが、おわかりにならないかもしれません（このあとの【設問⑩】小問3を、ご参照ください）。

ここでの坂野比呂志の話は、とりとめのない回想談です。そして、この回想談は、これから満州に乗り込もうとしているとき、その列車の座席で回想したことを、そのまま再現しているように読めます。このとき坂野は、「武者震い」するくらい緊張していました。その緊張を紛らわせるために、こうした思い出にふけっていたのでしょうか。

いきなり、「シューッ」という蒸気の音が大気を破ります。「ホーテン（奉天）」という日本語も聞こえます。思い出にふけっていた坂野は、ここで、ハッとわれに返るわけです。巧みな語り口だと思います。

一点、補足します。いまわたしは、ある朝、真下学校で見た光景のところまでを、「車中での回想」だと捉えました。しかし、真下学校の光景は、この文章を書いている「いま」の時点での回想なのかもしれません。このあたりは、どちらとも取れます。

ちなみに、そのあとの、「いま思うと、俺が下らないことをいうのは歴史的に見てもずいぶん古いよ、いまだにいってるんだから。」というところは、まちがいなく、「いま」の時点での坂野のつぶやきです。この文章を書いている「いま」、坂野が自分自身に向かって、あるいは、この本の読み手に向かって、つぶやいている言葉です。私はここでも、思わず笑ってしまいました。

坂野比呂志の文章は、文字通りの「口語」(話し言葉)で綴られています。その文章が、鑑賞に堪えるものになっています。これは、坂野のように、話芸に長けた人物だからできたことであって、なかなかできることではありません。

ここで設問です。第10講の設問は、全部で3問あります。

設問⑩

次の三つの小問に答えてください。

小問1　文中、「だアれも知らない変なおばさんが来てたっけが」という箇所がありますが(傍線)、この「来てたっけが」の解釈として適切なのは、次のうちどれでしょうか。

a　来ていたにもかかわらず　　b　来ていたので　　c　来ていたところ

小問2　文中、「「おはようございます」ってったら」という箇所がありますが（傍線）、この「ってったら」を、一般的な「書き言葉」に直してください。

小問3　文中、「しっかりせよと抱き起し、仮繃帯（かりほうたい）も弾丸（たま）の中、って歌ってたみたいに」という箇所がありますが（傍線）、この「って歌ってたみたいに」の解釈として適切なのは、次のうち、どれでしょうか。

a　と歌われていたように　b　と歌いながら　c　と歌うかのように

小問1解答……c

解説……広辞苑第7版で、「が（助詞）」を引きますと、接続助詞の意味のひとつに、〝前後の句を接続し、共存的事実を示す。「…ところ」などの意〟が挙げられています。その意味の「が」と判断します。

小問2解答……と言ったら

解説……

「ってったら」は、おそらく、「って言ったら」の略でしょう。「書き言葉」というものを意識する書き手であれば、ここは、「って言ったら」、あるいは「と言ったら」と表記するところでしょう。そこを坂野比呂志は、あえて、「ってったら」と表記しています。これを見るだけで、坂野が、自分の「話し言葉」を、そのままの形で再現して、この文章を書いていることがわかります。

小問3解答

a

解説

軍歌「戦友」は、一番から十四番まであります。その四番は、「軍律厳しき中なれど／是が見捨てゝ置かれうか／「確りせよ」と抱き起し／仮繃帯も弾丸の中」となっています。負傷した戦友を見捨てることができず、銃弾が飛びかう中、戦友に仮繃帯を施したという内容の歌詞です。ある朝、真下先生が「おばさん」に抱きおこされているのを見た坂野少年は、思わず「戦友」の第四番を思い浮かべたのでしょう。ということで、「って歌ってたみたいに」の意味は、「と歌われていたように」、あるいは「と歌にもあったように」となります。

補足

解説で、「真下先生がおばさんに抱きおこされているのを見た坂野少年は」としましたが、

「少年のころ真下学校で見た光景を、満州の車中で思い出した坂野比呂志は」としたほうがよかったかもしれません。ここは、どちらとも取れるところですので。

第10講 まとめ

▼話し言葉をそのまま文章化した文字通りの「口語文」というものは存在する。
▼坂野比呂志は、「香具師の口上」という話し言葉を用いて巧みな文章を書いた。

第11講 話し言葉で書き言葉を論ずる

大岡信の「書き言葉」論

詩人で評論家の大岡信（まこと）（一九三一〜二〇一七）に、「話し言葉・書き言葉」というエッセイがあります。『ユリイカ』の第一六巻第一二号（一九八四年一一月臨時増刊）「総特集＝日本語」の巻頭を飾っている、五ページほどのエッセイです。

その最初のほうで、大岡は、次のように述べています。

話し言葉と書き言葉の間の相違と重なり合いの問題、以前から気になっているのですが、自分ひとりで考えていても解決のつかない要素がたくさんあるんですよ。さりとてほかにすっきり解答出してる人も、まだいないんじゃないのかな。

明治時代なら、書き言葉は「文語」、話し言葉は「口語」という区別をたてることもできた。その区別にもとづいて「言文一致」の文体をつくり出すことに努力もできたわけですね。しかし今じゃあ、いつも文語で書くという人は絶無といっていい。それでは日本でいま書かれている文章は、すべて口語と言っていいのだろうか。また、それはすなわち話し言葉ということになるのだろうか。そこでにわかに分らなくなるんだな。

早い話、「ユリイカ」や「現代思想」、「現代詩手帖」や「詩学」などに載ってる文章を見ていて思うことは、多くが、何てったらいいのか、まあ、「新文語」なんじゃなかろうかということね。他の文芸雑誌とか思想雑誌、綜合雑誌、みな同じ。学術雑誌はいうまでもなし。何かについて「論」を張る文章は、ほとんど例外なくこの「新文語」で書かれていると思うんだよ。

まず、各センテンスの文末に注目してください。「ですよ。」「のかな。」「ですね。」「ていい。」「だろうか。」「だろうか。」「んだな。」「同じ。」「なし。」「んだよ。」となっています。話し言葉ふうの、くだけた形の文末を多用しています。

そのほか、「解答出してる」「今じゃあ」「載ってる」「何てったら」などという、くだけた言葉づかいをしています。

もちろん大岡は、あえて、そうしているのです。今日の「書き言葉」は、「言文一致」運動の中で生み出された「口語」(口語体)であるにもかかわらず、その「口語」(口語体)が、今日すでに、「話し言葉」から遠いものになっている、と大岡は指摘しています。きわめて重要な指摘だと思います。

そのことを示すために、大岡は、あえて、「話し言葉」に近い形で、このエッセイを「書いて」いるわけです。「話し言葉・書き言葉」というタイトルにふさわしい、まことにユニークなエッセイだと思います。

さて、ここで演習です。

演習⓫

このエッセイで大岡信は、「新文語」という言葉を使っています。その意味を、三〇字程度でまとめてください。

解答例

話し言葉から離れ、一種の「文語体」と化した「口語体」のこと。(三〇字)

文語文を排して、話し言葉に近いものとして工夫された口語体が、すでに話しから離れ、書き言葉のための「口語体」、すなわち一種の「文語体」と化している。――そう、大岡は指摘しています。そして、一種の「文語体」と化してしまった「口語体」のことを「新文語」と呼んでいるのです。

言葉の特権階級

本書が、「プロローグ」で示した問題意識は、大岡信が、このエッセイで提示した問題意識に触発されています。

今日、わたしたちが使用している「である体」は、すでに「口語」から離れ、一種の「文語体」と化しています。「ですます体」は、「である体」に比べれば、「口語」の雰囲気を残していますが、その「ですます体」にしても、すでに「口語」からは離れています。一種の「文語体」と化しているといってよいのです。

このエッセイの最後のほうで、大岡信は次のように述べています。

――日本では、「新文語」で書き、いや、仲間内でなら語り合いもしている人々――もちろんぼくもその中に入るわけだ——は、それだけでもう言葉の特権階級であり、しからざる人々に対しては、この種の言葉を語るだけですでに階級的抑圧者であるってことにさえなると思うんだ。

しかし、「新文語」を用いて書き、語ることは、もはや避けて通ることのできない時代の必然であることもはっきりしているね。だから、ぼくらにとっては、

一、「新文語」を可能な限り「話し言葉」の文脈に抱きこんでいくように努力するか。

二、「新文語」に居直るか。

この二つの行き方が目下の大きな課題になってるということになるんじゃなかろうか。

このうち、「二」は、要するに「新しいことはしない」ということです。文章を書くということは、「新文語」に習熟することであり、そのことを通じて、「言葉の特権階級」に加わることである。そのように「居直る」ことです。しかし、大岡が推奨したかったのは、そうではなく「一」の方向、すなわち、〝「新文語」を可能な限り「話し言葉」の文脈に抱きこんでいく〟だったと思います。

それにしても、「この二つの行き方が目下の大きな課題になってる」という言い方には、どうも迫力が感じられません。なぜ大岡は、これからは「一」の方向しかない、すなわち、「新文語」を可能な限り「話し言葉」の文脈に抱きこんでいく方向しかない、と断言しな

かったのでしょうか。

そもそも、〝「新文語」を可能な限り「話し言葉」の文脈に抱きこんでいくように努力する〟という表現がアイマイです。ここは、ハッキリ、「新文語」（新文語体）と化した今日の「口語体」を排し、話し言葉を基調とする文字通りの「口語体」を確立しよう、と言ってほしかったところです。「まずは、俺のこのエッセイを、新しい口語体の見本にしてくれ」と胸を張ってほしかったところです。

ちなみに、歌人の俵万智さんが、「口語短歌」による歌集『サラダ記念日』（河出書房新社）を発表し、「短歌の特権階級」に対して、大きな衝撃を与えたのは、一九八七年のことでした。大岡信が、このエッセイを発表したのは、一九八四年です。大岡には、先見の明があったのです。時代が、まだ自分に追いついていないということを、大岡は、よく理解していたのではないでしょうか。

「新しい口語文」の可能性

本書の趣旨は、独学者である読者の皆さんに「文章術」を説くことです。しかし、皆さんを、「言葉の特権階級」に送り出したいと考えているわけではありません。

むしろ、独学者の皆さんには、「言葉の特権階級」を打破するくらいの気持ちを持っていただきたいと思っています。大岡も示唆していたように、話し言葉を基調とする文字通りの「口語体」を確立するなどの形で。すでに「言葉の特権階級」に属している人たちには、なかなか、そういう冒険はできません。大岡信が、あえて冒険をおこなったのは、それだけ強い問題意識を持っていたからでしょう。自分が、こういうふうに問題提起をしなければ、おそらく誰もしないだろうという判断があったからでしょう。

この点、本書の立場は、きわめて軟弱です。大岡のように、新しい口語文にトライすることなく、「ですます体」という「新文語」を使い続けています。「新文語」に居直る形になっています。

しかし、一介の在野研究者にすぎないわたしは、少なくとも「言葉の特権階級」には属していません。属したいという気持ちもありません。そのわたしから、同じ独学者の皆さんに向かって、次のように呼びかけることは、たぶん許されるでしょう。独学者は、「言葉の特権階級」を恐れる必要などない、独学者ならではの柔軟な発想に立って、「新しい口語文」に挑戦していただきたい、と。

第11講 まとめ

▼今日の「口語体」は「話し言葉」から離れ一種の「文語体」になっている。
▼独学者は、「言葉の特権階級」を恐れず、文体の革新に取り組むべきである。

【文章術名言集】 その3

■今日、毎日毎時あらゆる国民の口からさらさらに語り交され、ラジオを聞くのにも電話をかけるのにも、物を考えるのにも常に用いているものこそ国語の本体なのである。
松坂忠則〔1941：P22〕

■大衆小説の特長は、子供にでも真似できるようなやさしい文体にあると思う。
鶴見俊輔〔1954：P76〕

■言と文の不一致はどんな時代にもあることですが、現在ほどその不一致がはなはだしいのはあまり例がないと思われます、
井上ひさし〔2011：P70〕

■初心者には、あえて文体を破壊することをおすすめします。
永江 朗〔2004：P243〕

■言文一致体の成立と共にいったい何が起きてしまったのか。
浅利 誠〔2007：P25〕

第四部

歴史編

近代日本語のルーツを探る

第三部を受けて、第四部では、いわゆる「口語体」が成立するまでの歴史を研究してみたいと思います。

「口語体」のルーツに、加藤弘之の『交易問答』があったという新説、明治期の文語文のルーツに、箕作麟祥の『仏蘭西法律書』があったという、ふたつの新説を提示します。

第12講 明治に入って最初の口語文

明治維新のネジレ

明治二年四月（一八六九年五月）に出版された『交易問答』という啓蒙書があります。著者は加藤弘蔵、つまり、明治初期の思想家・哲学者として知られる加藤弘之です（一八三六〜一九一六）。

この本は、ふたりの登場人物が、明治維新という変革の当否について「問答」を交わすという体裁になっています。その一方は頑固者の頑六で、もう一方は開明派の才助です。その冒頭で、頑固者の頑六は、次のような疑問を発しています。

今度お公儀〔幕府のこと〕と申す者がなくなって、天下のご政事は天子様でなさるようになったから、これまでお公儀でおかわいがりなさった毛唐人どもは、じきにお打ち払いになるだろうと思って楽しんでいましたら、やっぱり以前のお公儀と同じことで、おまけに、大坂や兵庫にも交易場（こうえきば）がお開きになり、また東京でも交易をお開きになるというは何たる

──ことでござろう。

なぜ新政府は攘夷を実行しないのか、というのが頑六の疑問です。

これはいかにも素朴な疑問ですが、明治維新の本質に関わる、たいへん鋭い問いになっています。というのは、明治維新を主導した勢力は、「攘夷」をスローガンに掲げていたにもかかわらず、幕府を倒したあとは、にわかに開国・欧化の方向に転じているからです。頑六の疑問は、明治維新という革命の正当性を問う、きわめてラジカルな問いであったと言えるでしょう。

かつてわたしは、『攘夷と憂国』（批評社、二〇一〇）という本を出したことがあります。そこでは、「明治維新のネジレ」という問題を論じました。「明治維新のネジレ」とは、簡単に言いますと、「攘夷を標榜しながら、結果的に開国・欧化に舵を切った明治維新および明治政府における矛盾」ということです。その本の序章で、わたしは、右の頑六の言葉を引きました。この頑六の言葉は、まさに、そうした「明治維新のネジレ」に対して疑問を投げかけたものだと考えたからです。

言文一致の文章

しかし本書では、まったく別の角度から、この『交易問答』という本に注目してみたいと思います。ここで注目したいのは、この本で使われている「日本語」です。

ここに出てくる「問答」は、架空の問答ですが、ふたりの登場人物は、その当時の「話し言葉」で問答をおこなっています。ということは、加藤弘蔵（弘之）は、その「話し言葉」を、そのままの形で文章化しています。ということは、ここで加藤が用いている日本語は、明治初期における日本人の「話し言葉」と捉えてよいのです。また加藤は、同書において、早くも「話し言葉」を文章に写す試み、「言文一致」の試みをおこなったことにもなります。

ともかく、その言文一致の文章を、よく観察してみましょう。以下は、同書の初版（明治二年四月、加藤氏蔵版）の冒頭部分を、改行も含めなるべく原文に近い形で再現したものです。句読点は、原文のまま。ルビも原文にあったものを、そのまま用いました。ただし、いわゆる変体がなは、現在のひらがなに直しました。

交易問答巻之上　　　加藤弘蔵著

頑六

ナント才助君（さん）。僕（わたくし）には一向合点の参り申さぬことがござる。今度御（お）公儀と申す者がなくなつて。天下の御政事は天子様でなさる様になつたから。是迄御公儀で御可愛がりなさつた醜夷人等は。直に御払攘になるだろうと思て。楽で居ましたら。矢張以前の御公儀と同じことで。加之大坂や兵庫にも交易場が御開きになり。又東京でも交易を御開きなさるといふは何たることでござろう。どふも此頑六抔は。一向合点が参り申さん。或先生の御話に。元来此日本といふ御国は神国でござるから。日本人の知恵といふ者は中々醜夷等の及びもないことで。物事何も角も十分に備つて。何壱ツ不足のないといふ。世界随一の国だそうでござる。そこで慾の深い醜夷等は。己が国が悪国で。物事何も角も不足だらけだ物だから。世界中の国々から。唯壱ツの日本国を目掛て来て。彼奴等が国の何の益にも立ない品物を持越して。日本の結構な品々を買出。おひおひ日本の諸品を買尽して。日本人を弱らせ。結局には日本の御国迄も。彼奴等が物にしやうといふ不届千万な企をするのでござる。【中略】僕等の様な三銭にもならない老耄翁でも。実に切歯やうでござる。ナント才助君。さうではござらんか。

才助

頑六君足下ひどく交易の事をわるくいひなさるが。僕には足下の理窟は一向分りません。

僕は或先生の御話を毎度聞ましたが。交易といふものは。なくてはならないものだそうでござる。

原文は、ほぼ総ルビです。しかも、平易な「会話文」になっています。おそらく加藤は、この本を庶民にも読んでもらいたいと願って、こういう問答形式にしたのでしょう。

今日の私たちが、この文章を読もうとしますと、最大のネックになるのは、「変体がな」です。この本の原版には、かなりの頻度で「変体がな」があらわれます。もうひとつのネックは、漢字の読み方に独特のクセがあることでしょう。

しかし、これらのネックを取り除きますと、今日でも十分に通じる文章になるはずです。古いとは言え、日本人の「話し言葉」ですから。というわけで、ここで演習です。

演習⑫

右に引用した『交易問答』の冒頭部分を、現代の日本人にも読めるような表記で書き直してください。ただし、原文の「読み」は、変えないように注意してください。

解答例

交易問答巻之上　　加藤弘蔵著

頑六

ナント才助さん、わたくしにはいっこう合点の参り申さぬことがござる。今度、お公儀と申す者がなくなって、天下のご政事は天子様でなさるようになったから、これまでお公儀でおかわいがりなさった毛唐人どもは、じきにお打ち払いになるだろうと思って楽しんでいましたら、やっぱり以前のお公儀と同じことで、おまけに、大坂や兵庫にも交易場がお開きになり、また東京でも交易をお開きになるというは、何たることでござろう。どうも、この頑六などは、いっこう合点が参り申さん。

ある先生のお話に、もともと、この日本という御国は神国でござるから、日本人の知恵というものは、なかなか毛唐人どもの及びもないことで、物ごと何もかも十分に備わって、何ひとつ不足のないという、世界随一の国だそうでござる。そこで、慾の深い毛唐人どもは、うぬが国が悪国で、物ごと何もかも不足だらけだものだから、世界中の国々から、タッタひとつの日本国を目掛けて来て、キャッラが国の何の役にも立ない品物を持ち越して、日本の結構な品々を買い出し、おいおい日本の諸品を買い尽して、日本人を弱らせ、挙句の果てには、日本の御国までも、キャッラが物にしようという、不届きセンバンな企てをするのでござる。【中略】わたくしどものような三文にもならない老いぼれ爺でも、実に歯がゆいようでござる。ナント才助君、そうではござらんか。

才助

頑六さん、お前、ひどく交易のことを悪く言いなさるが、わたくしにはお前の理窟は、いっこうわかりません。わたくしは、ある先生のお話を毎度聞きましたが、交易というものは、なくてはならないものだそうでござる。

解説

句読点を打ち直し、かなづかいを直し、送りがなを変えました。また、漢字の使い方も変えました。このように書き直しますと、非常に読みやすい文章になります。明治の初期に日本人が使っていた「話し言葉」は、今日の私たちから見て、古風とはいえ、それほど違和感はありません。

補足

著者の加藤弘之は、ここで、「頑六」という人物を、ことさらに頑迷・偏狭な考え方の持ち主として描いています。それは、この本のねらいが、そうした頑迷・偏狭な考え方を批判し、近代的・開明的な考え方に導くことにあったからです。

頑六は、才助の説明を聞き、文明開化が「不可避」であったことは納得したと思います。しかし、明治維新の「正当性」をめぐる彼の疑問は、おそらく最後まで晴れなかったのではないでしょうか。

近代口語文の元祖

加藤弘蔵（弘之）の『交易問答』は、明治二年に出版されました。おそらく、明治にはいって、最初に発表された「言文一致」の文章だと考えます。加藤弘之に対しては、「近代口語文の元祖」などの呼称が与えられるべきところです。ところが、これまで一度も、そういった評価はなされていません。まことにこれは奇妙なことだと思います。

ただし、文芸評論家の木村毅（一八九四～一九七九）は、かつて、次のように述べたことがあります〔木村1956〕。

> 心学道話は、師の口述を筆録したのだが、はじめからこの調子で文章を書いたのが、平田篤胤の諸書である。そして明治になって、まだ口語文が起る前に、この説教節式、平田式文章を書いたのが、加藤弘之である。

木村毅は、ここで、加藤の『交易問答』を念頭に置いています。ただし、「明治になって、まだ口語文が起る前に」という言い方をしています。加藤弘之が「口語文」の元祖であると認めたわけではないのです。

なお、ここで木村が言及している「説教節」というのは、中世末から近世にかけておこなわれた仏教系の語り物のことです。つまり木村は、加藤の『交易問答』の文体を、説教節、心学道話、あるいは平田篤胤の伝統を引くものとして捉えているのです。

しかしわたしは、これには異議があります。加藤弘之は、幕末の長崎でフルベッキに学んだ洋学派です。当然、彼は、西洋の言語が「言文一致」であることに気づいていたはずです。そういう知見を踏まえ、『交易問答』という本を、意図して、言文一致体で著したのではないでしょうか。加藤はやはり、「近代口語文の元祖」として位置づけられるべきだと考えます。

なお、政治学者の吉野作造によりますと、加藤の『交易問答』は、一八七二年（明治五）に、オ・ドリスコル（O'Driscoll）という外国人によって英訳されています〔吉野1929〕。また、加藤の『交易問答』には、インブリー版（Dr. Imbrie's version）というものがあって、アメリカ人宣教師のウィリアム・インブリー（William Imbrie）が、英文で序文を寄せています。今日、国立国会図書館に架蔵されているものは、一八九二年（明治二五）に丸善商社書籍部から発行された「第二版」ですが、その初版は、一八八一年（明治一四）だったようです〔吉野1929〕。

国立国会図書館にあるインブリー版第二版は、残念ながら、インターネット公開されていません。先日、国会図書館に赴いて、これを閲覧しましたところ、インブリーの序文の日付は、一八八一年九月二六日になっていました。いま、インブリー版の内容について、詳しい内容は紹介できませんが、このインブリー版は、明らかに、外国人が日本語の文章を読むためのテキストとして編集されています。加藤の『交易問答』は、外国人の目から見ても、日本語のテキストたるにふさわしい「活きた日本語」が使われていると判断されたものと思われます。

第12講 まとめ

▼近代に入って最初に口語文を発表したのは、哲学者の加藤弘之である。
▼加藤弘之著の『交易問答』は、外国人に日本語のテキストとして用いられた。

第13講 法律の翻訳と「主語」との関係

箕作麟祥とフランス法

幕末から明治にかけて活躍した箕作麟祥（みつくりりんしょう）という官僚・法律家がいました（一八四六〜一九九七）。日本の近代的法制度の基礎を築き、「法律の元祖」と称されています。

箕作麟祥の業績のひとつとして、フランスの諸法典を全訳し、『仏蘭西（フランス）法律書』というタイトルで刊行したことが挙げられます。いま机上に、その上下巻があります。下巻にのみ奥付があって、「明治十三年一月七日翻刻御届／明治十六年十月十七日再刊」となっています。出版人は大野堯運、発兌（はつだ）は報告社です。

扉のデザインは、上下巻とも同じです。上部に右書きで「明治八年四月」とあり、その下にタテ書きで「翻訳局訳述／仏蘭西法律書／印書局印行」とあります。翻訳局というのは、太政官正院翻訳局、印書局というのは、太政官正院印書局のことです。

巻頭に、箕作麟祥による「例言」が置かれており、その最後に、「明治六年癸酉六月」とあります。当時の出版事情については詳しくありませんが、この本は、最初、太政官正院印書局から刊行されたのでしょう。刊行の時期は、早ければ一八七三年（明治六）六月、遅くとも一八七五年（明治八）四月だったと推定されます。

文章術をテーマとする本書が、箕作麟祥訳の『仏蘭西法律書』を取り上げようとする理由は、ただひとつです。この翻訳書が、近代の日本語に、重大な影響を与えたと考えるからです。

明治八年四月
飜譯局譯述
佛蘭西法律書
印書局印行

同書上巻には、憲法と民法とが収められています。ここでいう憲法とは、ルイ・ナポレオンのクーデター（一八五一年）の翌年に成立した、いわゆる「一八五二年憲法」のことです（「第二帝政憲法」とも呼ばれます）。この憲法は、全八章、全五十八条からなっています。

憲法の条文を、少し引いてみましょう。ルビは、引用者が振りました。

第二条　仏蘭西共和国政治ヲ統制スルノ権ハ方今(ほうこん)共和政治ノ大統領タル皇族路易拿破崙(ルイナポレオン)保那巴(ボナパルト)ニ十年間之(これ)ヲ任(にん)ス(ず)
第七条　裁判ハ大統領ノ名ヲ以テ之ヲ行フ
第十条　大統領ハ法律及ヒ元老院ノ決定ノ允許(いんきょ)ヲ為(な)シテ之ヲ布令ス
第二十一条　元老ノ員ハ畢生間其(ひっせいかんその)職ニ居ラシメ之ヲ転任セシムル可(べ)カラス
第四十八条　参議官ハ共和政治ノ大統領之ヲ任用シ且(かつ)大統領之ヲ退任セシム可シ

いかにも古くさいカタカナ文です。句読点もなければ、濁点もありません。しかし、その割には、違和感なく読めたという方もあったのではないでしょうか。実はわたしも、あまり違和感がありませんでした。

なぜ、違和感がなかったのでしょうか。それは、戦前・戦中の公的な文書、特に詔勅(しょうちょく)や法令は、こんなふう書かれることが普通だったからだと思います。一八八九年（明治二二）の「大日本帝国憲法」や、一八九〇年（明治二三）の「教育ニ関スル勅語」もそうです。一九四五年（昭和二〇）の、いわゆる「終戦の詔書」もそうです。

高校や大学の授業で、戦前の詔勅、戦前の法令などに接する機会があった方にとっては、『仏蘭西法律書』の訳文は、理解を絶する日本語ではなかったはずです。むしろ、読もうと思えば読める日本語ではないのでしょうか。

独特の法律翻訳法

さて、先ほど挙げた五つの条文は、いずれも「〇〇ハ」という形で始まり、途中に「之ヲ」という言葉が使われています。あえて、そのような条文を選んでみました。

このうち、第十条にある「之ヲ」の「之」は、文脈から判断して、「法律及ヒ元老院ノ決定」を指していることが明らかです。

しかし、それ以外の、第二条・第七条・第二十一条・第四十八条にある「之ヲ」の「之」は、すべて、条文の最初にある「〇〇ハ」の「〇〇」を受けています。

特に注目していただきたいのが、第四十八条です。これは、現代語に直しますと、次のようになるでしょう。

第四十八条　参議官は、共和政治の大統領がこれを任用し、かつ、大統領がこれを退任させることができる。

この場合、「主語」は、どれでしょうか。「参議官は」とあるので、「参議官」が主語に見えますが、参議官は、日本語文法学者のいう「主題」であって、動作の主体をあらわす「主語」ではありません。「主語」は、あくまでも「大統領」なのです。

ここで、第四十八条に相当するフランス語の原文を見てみましょう。次のようになっています。

Article 48 Les conseillers d'État sont nommés par le président de la République, et révocables par lui.

これを、フランス語翻訳家の平山修さんに訳していただきました。

第四十八条　参議官は、共和国の大統領によって任命され、また解任されうる。

平山さんによれば、sont nommés（任命される）は受動態で、révocables（解任されうる）は形容詞だそうです。つまり、フランス語の原文では、あくまでも、「参議官」が主語なのです。

しかし箕作は、この条文を、「大統領」を主語とする形で翻訳しました。その結果、「主題」である参議官は、「之ヲ」の「之」として、つまり目的語ということになりました。

箕作が、第四十八条を、なぜ、「大統領」を主語とする構文で翻訳したのかは不明です。しかし、ほぼ間違いなく言えることは、次の三点です。①箕作麟祥は、フランスの法律を翻訳するにあたって、「〇〇ハ」という形で始まり、その「〇〇」を、「之ヲ」で受ける構文にすることがあった。②この場合、「〇〇ハ」で主題を示し、そのあと、その主題とは別に、動作の主体をあらわす主語を示すことがあった。③箕作のこうした翻訳文は、今日の私たちにとって、それほど違和感があるものではない。――

大日本帝国ハ

さて、ここまでご説明しますと、読者の中には、ある法律の条文を思い浮かべられた方があると思います。そうです、大日本帝国憲法の第一条です。

第一条　大日本帝国ハ万世一系ノ天皇之ヲ統治ス

「万世一系ノ天皇ハ大日本帝国ヲ統治ス」ではありません。「大日本帝国ハ万世一系ノ天皇ニ依リ統治セラル」でもありません。「〇〇ハ」の部分で主題を示し、そのあと、「之ヲ」で、その主題を受けています。主題とは別に、「万世一系ノ天皇」という主語が出てきます。

まさにこれは、箕作麟祥が、『仏蘭西法律書』で用いていた構文です。

ちなみに、大日本帝国憲法には、次のような条文も存在します。

第一四条第二項　戒厳ノ要件及効力ハ法律ヲ以テ之ヲ定ム
第四一条　帝国議会ハ毎年之ヲ招集ス
第五七条　司法権ハ天皇ノ名ニ於テ法律ニ依リ裁判所之ヲ行フ
同条第二項　裁判所ノ構成ハ法律ヲ以テ之ヲ定ム

本書執筆中に読んで、啓発された本の一冊に、三上章の『現代語法序説』（くろしお出版、一九七二）があります。その本の一二二ページ以降で、三上は、日本国憲法第二十三条「学問の自由は、これを保障する。」などの法律条文を挙げ、「コレヲ」という言い方を問題にしています。また三上は、山田孝雄（よしお）の『漢文の訓読によりて伝へられたる語法』（宝文館、一九三五）を援用し、「コレヲ」という言い方を「漢文訓読調」と位置づけています。鋭い指摘ですが、残念ながら、それ以上の考察はありませんでした。

同じく、この間に啓発された本に、柳父章著『近代日本語の思想』（法政大学出版局、二〇〇四）、および柳父章ほか編『日本の翻訳論』（法政大学出版局、二〇一〇）がありま す。後者の第Ⅰ部「日本における翻訳」は、柳父章さんの執筆ですが、その内容は、『近代日本語の思想』の内容を、簡潔にまとめたものと言えます。
柳父さんは、「日本における翻訳」の中で、次のように指摘しています。

西洋語の主語の翻訳に「何々ハ」を当てるという翻訳法は、近代以前の蘭学ですでに始まっていた。しかし、近代の憲法の文体の影響は圧倒的に大きい。事実上、西洋語の主語を「何々ハ」とする翻訳法は、大日本帝国憲法から始まっていたと考えられるのである。なお、例文の「何々ハ」のうちには、後の日本語文法では、すべて「主語」あるいは「主格」ではなく、主格が主題化したものや、目的格が主題化したと扱われるものなどが含まれるのだが、私は、西洋語の主語の翻訳で出現した日本語の「何々ハ」は、すべて日本語における括弧つきの「主語」の出現であったと考えている。
そして、これ以降、「何々は」という文句は、翻訳文の主語であるだけでなく、近代日本語文における法律文、学術文などで、「主語」の資格で慣用的に多く使われるようになっている。〈二三～二四ページ〉

「何々は」の起源が、西洋語文における主語を翻訳したもので、これが近代日本語文の「主語」（カギカッコ付きの主語）として使われるようになったという指摘です。非常に有益な指摘ですが、「何々ハ」とする翻訳法は、事実上、「大日本帝国憲法から始まっていた」

とする見方には異論があります。

すでに見てきたように、西洋語の主語を「何々ハ」とする翻訳法は、すでに明治初年に、箕作麟祥が試みています。ただし、このことを以て、この翻訳法は箕作麟祥が最初に試みた、と申し上げるつもりはありません。柳父さんによれば、近代以前の蘭学で、すでに、そうした翻訳法が試みられているそうですから〔柳父2004・柳父2010〕。ここでは、「何々ハ」とする翻訳法は、事実上、箕作麟祥の『仏蘭西法律書』から始まっていた、という私見を提示しておきたいと思います。なお、箕作麟祥は、幕末の儒学者・安積艮斎（あさかごんさい）から漢学を学んでおり、漢学にも造詣が深かったようです。

さて、ここで演習です。やや難しいかもしれませんが、ぜひ、トライしてください。

演習⓭

箕作麟祥訳『仏蘭西法律書』の巻頭には、箕作による「例言」が置かれています。例言は、全五項から成ります。以下に、その第一項を掲げますので、これを、句読点や濁点を用いたひらがな文に直してください。その際、かなづかいや送りがなは、現代のものに従ってください。そのほか、読みやすい文章になるよう、適宜、工夫してみてください。

仏蘭西法律書

例言

一仏蘭西法律書ハ憲法、民法、訴訟法、商法、治罪法、刑法ニシテ民法ハ人民互相ノ間ニ管スル通義ノ条則ヲ記シ訴訟法ハ訟ヲ聴キ争ヲ息ムルノ其審理裁判ノ条則ヲ記シ商法ハ商賈ノ互ニ品物ヲ貿易シ其産業ヲ営スル条則ヲ記シ治罪法ハ犯者ヲ糾訊シテ其罪ノ信疑有無ヲ推究スル条則ヲ記シ刑法ハ犯者ノ罪状既ニ定マルノ後其軽重ニ従ヒ之ヲ刑ニ処スル条則ヲ記シテ書初ニ冠スル憲法ハ建国定制ノ大基本ヲ記セシ者ナリ而シテ此六者中憲法ハ仏国ノ政体変革スル毎ニ其法亦随テ更改シ一定不易ノ者ニ非スト雖トモ民法以下ノ五法ハ拿破崙一世帝ノ時創定セシ以来政府国民ト相与ニ之チ遵奉シ世々通行ノ典タルカ故ニ永ク更改ス可キニ非ス然トモ時勢ノ推遷互ニ其宜キヲ異ニシ民情ノ趣向亦相同シカラサレハ其条則中補訂廃改或ハ亦免レサル能ハス古今互ニ小異同アリト雖トモ此六法ノ微ヲ析キ精ヲ極メ糸毫モ遺ス所ナキハ法科ノ書中集メテ大成セシ者ト謂フ可シ故ニ方今欧土ノ各国互ニ折衷シテ之ヲ其国内ニ行ヒ宇内ニ於テ特ニ著名ノ書トス

解答例

フランス法律書

例言

一フランス法律書は、憲法・民法・訴訟法・商法・治罪法・刑法にして、民法は人民互相の間に管する通義の条則を記し、訴訟法は訟を聴き争いを息（や）むるのその審理・裁判の条則を記し、商法は商賈（しょうこ）の互いに品物を貿易し、その産業を営ずる条則を記し、治罪法は

犯者を糾訊して、その罪の信疑・有無を推究する条則を記し、刑法は犯者の罪状、すでに定まるの後、その軽重に従い、これを刑に処する条則を記して、書初に冠する憲法は、建国・定制の大基本を記せし者なり。而して、この六者中、憲法は仏国の政体変革するごとに、その法またしたがって更改し、一定不易の者にあらずといえども、民法以下の五法は、ナポレオン一世帝の時創定せし以来、政府国民と相ともに、これを遵奉し、世々通行の典たるが故に、永く更改すべきにあらず。しかれども、時勢の推遷、互いにその宜しきを異にし、民情の趣向また相同じからざれば、その条則中、補訂・廃改あるいはまた免れざるあたわず。古今互いに小異同ありといえども、この六法の微を析き精を極め、糸毫も遺す所なきは、法科の書中集めて大成せし者と謂うべし。故に方今欧土の各国、互いに折衷して、これをその国内におこない、宇内において特に著名の書とす。

解説

原文では、「憲法、民法、訴訟法、商法、治罪法、刑法」というところ以外、句読点がありません。ここを、「憲法・民法・訴訟法・商法・治罪法・刑法」とし、適宜、句読点を施しました。読みの難しい漢字には、ルビを振りました。

箕作は、ここで六法という言葉を使っています。そのうちの憲法は、政体が変われば、それに伴って変わるが、それ以外の五法は、「世々通行の典」であって、簡単に変えるべきではないと述べているのが、たいへん興味深いと思いました。

スタンダールとナポレオン法典

三島由紀夫の『文章読本』の中に、「スタンダールが『ナポレオン法典』を手本にして文章を書き、稀有な明晰な文体を作ったことはよく知られています」という一節があります。「よく知られています」という、その話の典拠は何でしょうか。また、「ナポレオン法典」とは、具体的に何を指すのでしょうか。

この点についても、フランス語翻訳家の平山修さんにお聞きしてみました。平山さんによれば、スタンダールは、一八四〇年にバルザックに宛てた手紙に、『パルムの僧院』を執筆していたとき、語調を整えるために、毎朝「Code civil」を二、三ページ読んだ、と記しているそうです。

この「Code civil」が、一八〇四年に成立した「フランス人の民法典」(Code civil des Français)、いわゆるフランス民法典を指していることは間違いないでしょう。同法典は、のちに、「ナポレオン法典」(Code Napoléon)と呼ばれることになりますので、三島が、スタンダールは『ナポレオン法典』を手本にしたと述べているのは、誤りとは言えません。ただし、スタンダールがバルザックに手紙を送った時点での呼称は、「フランス人の民法典」でした。

箕作麟祥が『仏蘭西法律書』に収録した「民法」というのは、もちろん、このフランス民法典のことです。箕作が翻訳した時点での呼称は、すでに「ナポレオン法典」になっていました。『仏蘭西法律書』の「民法」の冒頭（上巻三五ページ）には、「民法（原名「コードシビル」又「コードナポレオン」）とあります。

興味深いのは、フランス民法典という法律が、「文章」に与えた影響力です。フランスの文豪スタンダールは、これを手本にして『パルムの僧院』を書き、日本の官僚・箕作麟祥は、フランス民法典を含むフランスの諸法典を翻訳して、日本の法律文の「文体」を確立しました。前者は、三島由紀夫も指摘している通り、よく知られている事実のようです。しかし、後者は、近代の日本語に関心を持つ研究者も、これまで注目してこなかったことです。箕作麟祥の『仏蘭西法律書』についての関心と研究が深まることを望みます。

第13講 まとめ

▼「何々ハ」という文章は、事実上、箕作麟祥訳『仏蘭西法律書』に始まっている。

▼日本語の文章における「何々ハ」は、主語（主格）を示すものとは限らない。

第14講 福沢諭吉が試みた演説

福沢諭吉の演説原稿を読む

日本で最初に「演説」というものを試みたのは、おそらく福沢諭吉です。前著『独学で歴史家になる方法』でも触れましたが、福沢諭吉は、「演説会」というものを開きながら、「演説」について研究しました〔礫川2018〕。明治初年のことです。

では、当時の福沢は、いったい、どんなふうに演説していたのでしょうか。いま、「どんなふうに」と言いましたが、本書として関心を持つのは、「どんな言葉を使って」ということです。

「明治七年六月七日集会の演説」という資料があります。以下に、その初めの部分を引用してみます。出典は、『福沢撰集』という初期の岩波文庫（一九二八）です。かなづかい、句読点は原文のままです。ルビは、『福沢全集』第一巻（時事新報社、一九二六）を参考にして、適宜、引用者が振りました。

明治七年六月七日集会の演説　福沢諭吉

この集会も昨年から思立たことでござりますが、とかく其規律もたゝずあまり益もないやうで、このあひだまでも其当日には人は集ると申すばかりのことでござりましたが、このたびはまたすこし趣を替へて、社中の宅へ順々に席を設ける約束にしまして、即ち今日はこの肥田君の御宅に集たことでござります

ぜんたい、この集会は初めから西洋風の演説を稽古して見たいといふ趣意であつた、ところが何分(なにぶん)日本の言葉は、独りで事を述べるに不都合で演説の体裁が出来ずに、これまでも当惑したことでござりました、けれどもよく考へて見れば、日本の言葉とても演述のできぬと申すはないわけ、畢竟(ひっきょう)昔しから人のなれぬからのことでござりませう、なれぬと申してすておけば際限もないことで、何事も出来る日はありますまい、いつたい学問の趣意はほんを読むばかりではなく、第一がはなし、次にはものごとを見たりきいたり、次には道理を考へ、其次に書を読むと云ふくらゐのことでござりますから、いま日本で人の集たときに、自分の思ふことを明らかに大勢の人に向て述ることができぬと申しては、初めから学問のてだてを一つなくして居る姿で、他人の耳目鼻口五官の内を一つ欠(かい)たやうなものではござりませぬか、御同前に五官揃ふても人なみにないと平生患(うれ)ひて居る処に、有る其一つのものをつかはずにむだにして置くとは、あまりかんがへのないわけではござりませぬか

たしかに、「話し言葉」になっています。今日、「ですます体」と呼ばれている「口語体」と似たところも見受けられます。しかし、明らかに、それとは違っています。また、句読点は、読点（テン）があって句点（マル）がありません。

早速ですが、ここで演習です。

演習⑭

右に引用した二段落分の文章を、句読点を使って、書き直してみましょう。その際、かなづかい、送りがなについても、現在、使われている形に直してください。漢字の使い方については、皆さんの判断におまかせします。

解答例

この集会も昨年から思い立ったことでござりますが、とかくその規律も立たずあまり益もないようで、このあいだまでも、その当日には、人は集まると申すばかりのことでござりましたが、このたびはまた、すこし趣を替えて、社中の宅へ順々に席を設ける約束にしまして、即ち今日は、この肥田君の御宅に集ったことでござります。

ぜんたい、この集会は、初めから西洋風の演説を稽古してみたいという趣意であった。ところが、何分、日本の言葉は、独りで事を述べるに不都合で、演説の体裁ができずに、これまでも当惑したことでござりました。けれどもよく考えてみれば、日本の言葉とても演述のできぬと申すはないわけ。畢竟、昔から人の慣れぬからのことでござりましょう。

慣れぬと申して捨ておけば際限もないことで、何事もできる日はありますまい。いったい学問の趣意は、本を読むばかりではなく、第一がはなし、次にはものごとを見たりきいたり、次には道理を考え、その次に書を読むというくらいのことでござりますから、いま日本で人の集まったときに、自分の思うことを明らかに、大勢の人に向って述べることができぬと申しては、初めから学問のてだてをひとつなくして居る姿で、他人の耳目鼻口五官の内をひとつ欠いたようなものではござりませぬか。御同前に、五官揃うても人なみにないと、平生憂いて居るところに、あるそのひとつのものを使わずにむだにしておくとは、あまり考えのないわけではござりませぬか。

解説

文末と考えられるところにある読点（テン）を、適宜、句点（マル）に変え、段落のおわり二か所に、句点を補いました。そのほか、全体に、読点を補いました。さらに、一部の漢字をひらがなに直し、逆に、一部のひらがなを漢字に直しました。

補足

文中、「居る」が二回、出てきます。これは、「いる」（ゐる）とも「おる」（をる）とも読めますので、漢字のままにしておきました。

文章家・福沢諭吉の「限界」

この資料から読みとれることが、少なくともふたつあります。

第一に、この資料に、初期の口語文、成立過程の口語文を見出すことができるということです。句点（マル）を打ったあとに、各センテンスの文末を見ますと、「でございます」「であった」「でございました」「ないわけ」「でございましょう」「ありますまい」「ございませぬか」と、多様なものになっています。しかし、これが、その当時の「話し言葉」であり、これが、それを写した、その当時の「口語文」だったのです。

第二に、この資料は、ある意味で、福沢諭吉という文章家の「限界」を示すものです。資料でわかるように、福沢諭吉は「口語」で演説することができ、「明治七年六月七日集会の演説」のような「口語文」を綴ることもできました。その口語文には、不完全ながらも、「センテンス」という区切りが見出せます。ところが、福沢諭吉は、その著書や論説では、こうした口語体を使わなかったのです。福沢は最後まで、福沢独自の「文語文」を使い続けていたのです。

例を挙げてみましょう。この「明治七年六月七日集会の演説」という文章は、「福沢全集緒言」（初出は一八九七年＝明治三〇年）の中で、引用資料として紹介されています。ところが、その「福沢全集緒言」自体は、「文語文」で書かれています。

明治七年六月七日肥田昭作氏の宅にて余が演説したるは口に弁ずる通りに予め書に綴り仮りに印刷に付して之を其まゝ述べんことを試みたるものにして今日幸に其の活版の遺るものあれば之を左に記す

これが、「明治七年六月七日集会の演説」を紹介している一文です。一八九七年(明治三〇)、すなわち、晩年に書かれた文章です。達意の名文ではありますが、あくまでも文語文です。句読点は皆無です。句点がないということは、「センテンス」による区切りを重要視していなかったと捉えてもよいでしょう。

福沢諭吉が、日本語の成立に果たした役割は、きわめて大きいものがあります。このことは、『独学で歴史家になる方法』の第20講でも強調しました。福沢は、「口語」で演説することができ、口語文を綴ることができました。にもかかわらず福沢は、口語体を用いることには消極的でした。福沢自身は、終始一貫、文語体によって、その思想を表現し続けたのです。

この事実をわたしは、重く受けとめます。これは、福沢諭吉という文章家の「限界」という問題にとどまらない、近代日本語の性格に関わる問題につながっているような気がします。近代日本語とは、どういう言語なのか。近代日本における「言文一致」運動とはどういう運動だったのか。近代日本に生まれた「口語文」とはどういう性格の言葉なのか。——そういう大きな問題につながってくるのではないか、などと考えています。

第14講 まとめ

▼日本で最初に演説を試みたのは福沢諭吉であった。
▼福沢諭吉自身は、文章に口語体を用いることに対し消極的だった。

第15講 二葉亭四迷が課題としたもの

病床の国木田独歩に

田山花袋・小栗風葉共編の『二十八人集』という本があります。一九〇八年（明治四一）四月に、新潮社から発行されました。この本は、病気療養中の作家・国木田独歩を励ますために、独歩と親交があった作家や評論家、計二十八人が、それぞれ作品を寄せています。

参考までに、その二十八人の名前を列挙しておきましょう。長谷川二葉亭・島崎藤村・徳田秋声・正宗白鳥・生田葵山・徳田秋江・窪田空穂・三島霜川・川上眉山・真山青果・吉江孤鴈・前田木城・太田玉茗・水野葉舟・小山内薫・柳川春葉・小栗風葉・田山花袋・徳富健次郎〔蘆花〕・蒲原有明・沼波瓊音・戸川秋骨・齋藤弔花・柳田國男・西本翠蔭・長谷川天渓・中沢臨川・岩野泡鳴

以上で二十八人ですが、そのほかに、西園寺公望が書を寄せ、徳富蘇峰が序文を贈っています。『二十八人集』の冒頭を飾っているのは、二葉亭四迷の「むかしの人」です。

国木田独歩は、かつて、二葉亭四迷の翻訳『あひゞき』（初訳、一八八八）に刺激され、その影響のもとに、「今の武蔵野」（一八九八）という短編を書きました。のち、この短編は「武蔵野」と改題され、最初の作品集『武蔵野』（民友社、一九〇一）の巻頭に収録されました。短編「武蔵野」の中で、独歩は、二度にわたってツルゲーネフを引いています。すなわち、ツルゲーネフ著・二葉亭四迷訳『あひゞき』の初訳です。

国木田独歩が、二葉亭四迷から決定的な影響を受けたことは明らかです。二葉亭四迷が創始した言文一致体を受け継ぎ、これを完成させたのは国木田独歩であった、とわたしは捉えています。

いずれにしても、病床で、この『二十八人集』を受け取り、その冒頭に二葉亭の「むかしの人」が置かれているのを見た独歩は、思わず涙ぐんだのではないでしょうか。

二葉亭の文章を読む

さて次に、二葉亭の「むかしの人」の一部を、引用してみましょう。引用にあたっては、かなづかいを現代のものに直し、一部の漢字をひらがなに替えています。ただし、句読点は原文通りです。また、ルビは原文にあったものを、現代かなづかいに直した上で採用しています。傍線は、引用者が引きました。

近頃聞けば、お老爺（じい）さんもその後間もなく世を逝（さ）ったという。不思議なことには、その死状（しにざま）がお婆さんのそれに似ているところがある。ある日のこと、お老爺さんが少しばかり園（その）をぶらつこうと相変わらず、ぼんやりと、何事も考えず、しずかに径（こみち）をたどってゆくと、奇なるかな、ふと背後（うしろ）からかなりはっきりと「お老爺さん」という者がある。振り返って見たが、誰も居ぬ、四方を見渡しても、灌木（かんぼく）の中を覗いて見ても、誰の姿も見えぬ。その日は静かで、日の光も鮮やかであった。しばらく思案しているうちに、お老爺さんの面（かお）はたちまち華（はな）やいで、やがて独りごとをいうのを聞けば、「婆さんがワシを呼んだのだ！」

こうしてわが名を呼ぶ声を聞くのは、誰も覚えがあることであろうが、俗説では死霊（しりょう）が人に憧れて招くので、これを聞いたものは必ず死ぬとしてある。白状すると、私はこの不気味な声を聞くと、いつも身の毛がよだつような気がする。幼いころによくこれを聞いた。

何かのはずみでふと背後で誰とも知らず明らかにわが名を呼ぶ。これを聞くは晴天の日で、園の木(こ)の葉を揺がすほどの風もなく、寂寞(せきばく)として死したるごとき天地の間(あいだ)に、コオロギさえ声を収めて、人影のふつに見えぬ時である。もし人の通わぬ森林のうちで、半夜天暴(あ)れて、狂風猛雨のうち、魑魅魍魎(ちみもうりょう)の躍り狂うを見ようとも、雲ひとつない晴れた日の、万籟(ばんらい)死して音なき時に、この声を聞いたよりも、怖(おそ)ろしくあるまいと思う。これを聞くと、私はいつも魂が身に添わず、ハッと息を引いたまま園を逃げ出して、誰にもあれ人に逢うまでは、動顛(どうてん)した心が鎮(しず)まらぬ。人の姿を見ると、不気味な虚無の念が忽然として消えてしまう。

　お老爺さんが、死んだお婆さんが呼んだのだと、一心に思いつめて、身をその心に打ちまかせたところは、すなおな小児(こども)のようであった。痩せ枯(が)れて、虚咳(からぜき)せいて、ロウソクのようにとろけて、もえつくして、哀れな焔をも保たれなくなって、ついに立ち消えするように消えてしまった。「婆さんのそばへ埋めてくれ」というのが臨終の時の言葉であった。

ところどころ、耳慣れない言葉が出てきますが、基本的に、今日、私たちが読み書きしている文章と変わりません。それもそのはずです。今日、私たちが使っている口語文（原文一致体）は、この二葉亭四迷が、悪戦苦闘の末に創り出したものなのです。

さてここで、設問です。設問は三つの小問に分かれます。

設問⑮

次の三つの小問に答えてください。

小問1　この「むかしの人」という作品の説明として正しいものを、以下のうちから選んでください。

a　二葉亭四迷の短編小説
b　ゴーゴリの短編小説を二葉亭四迷が翻訳したもの
c　ツルゲーネフの短編小説を二葉亭四迷が翻訳したもの
d　トルストイの短編小説を二葉亭四迷が翻訳したもの

小問2　原文では、次のような難読の漢字が使われていました。これらの読みを答えてください。ヒントは、先ほどの文章です。

徐か　柔順　忽ち　溶け　機　判然　弗に　偶然　逍遙う　放心　軈て　弥立つ

小問3　文中に、「独りごとをいうのを聞けば」という一節があります（傍線）。ここで、お老爺さんの独りごとを聞いたのは誰だったのでしょうか。次のうちから、最も適切なものを選んでください。

a　お婆さん　b　この小説の語り手　c　この小説に登場する「私」

小問1解答

b

小問1解説

「むかしの人」は、ロシアの作家ゴーゴリ（一八〇九～一八五二）の短編小説を、二葉亭四迷が翻訳したものです。目次には、「むかしの人……長谷川二葉亭」とあるだけですが、本文の冒頭を見ますと、「むかしの人（ゴーゴリ原作）……二葉亭四迷訳」となっています。

出てくるのは、ウクライナ地方のおじいさん・おばあさんですが、まるで、ひと昔前の日本にいたおじいさん・おばあさんのようです。それは、二葉亭四迷が、あえて、そんなふうに翻訳しているからだと思います。

なお、戦前の岩波文庫『昔気質の地主たち』（一九三四）に収録されている「昔気質の地主たち」は、ゴーゴリの同じ短編小説を、伊吹山次郎（いぶきやま・じろう）が翻訳したものです。

小問2解答

徐か＝しずか　〔原文のルビは「しづか」〕
柔順＝すなお　〔原文のルビは「すなほ」〕
忽ち＝たちまち
溶け＝とろけ

機＝はずみ　〔原文のルビは「はづみ」〕
判然＝はっきり　〔原文のルビは「はつきり」〕
弗に＝ふつに　〔「ふつに」は「まったく」の意。「都に」とも書く〕
偶然＝ふと
逍遙う＝ぶらつこう　〔原文のルビは「ぶらつか」〕
放心＝ぼんやり
軈て＝やがて
弥立つ＝よだつ

小問2解説

原文では、これに限らず、難読の漢字が多用されています。総ルビに近いので、読めないことはありませんが、二葉亭が、好んで特異な読み方を選んでいる印象はぬぐえません。なお、原文では、「不気味」に、「ぶきび」というルビが振られています。

小問3解答

b

小問3解説

この作品には、「私」を名乗る人物が登場します。「私」は、お老爺さん、お婆さんと親しい間柄で、しばしば、その家を訪れていました。お婆さんが亡くなったあとも、「私」は、お老爺さんを訪ねています。

しかし、お老爺さんが、園で誰かから「お老爺さん」と呼ばれたとき、そこにいたのは、お老爺さん一人です。そのとき、お老爺さんは、「婆さんがワシを呼んだのだ！」とつぶやきましたが、これは、あくまでも、お老爺さんの「独りごと」です。お老爺さんの独りごとを聞いたのは、「この小説の語り手」ということになるでしょう。

「神の視点」とは

二葉亭四迷については、数多くの研究書が著されています。二葉亭の言文一致体については、朴善述さんの『言文一致文体の研究と二葉亭四迷の語法』（國學院大學大学院、二〇〇四）という大作があります。二葉亭の翻訳作品については、コックリル浩子さんの『二葉亭四迷のロシア語翻訳』（法政大学出版局、二〇一五）という労作があります。

この間、目を通した二葉亭関係の研究の中で、最も「鋭い」と思ったのは、言語学者の小池清治（せいじ）（一九四一〜二〇一八）による『日本語はいかにつくられたか？』（筑摩書房、一九八九）でした。

同書は、日本語の成立を、古事記・日本書紀の時代から、通時的に考察した本で、近代日本文学に的を絞っている本ではありません。にもかかわらず、そこには、二葉亭四迷や夏目漱石の言文一致体について、きわめて示唆に富んだ指摘が見られます。たとえば、次のような指摘です。

> 言文一致が真の意味で言文一致になるには「三人称視点の言文一致表現」と「国民語」たるべき共通語が必要であった。そして、これらは天から与えられるものではない。日本人は自らの手でこれを創造するほかはなかったのである。〈一五六ページ〉

ここで、小池は、「三人称視点」という言葉を使っています。「三人称視点」とは、「神の視点」のことです。小池によれば、近代文学は、「書き手が語り手なり主人公を突放し、批判的に叙述するところ」に始まります。その、語り手や主人公を突き放す客観的な視点が、「三人称視点」あるいは「神の視点」です（同書一五二ページ）。

ここで、思い出さなくてはならないのが、「むかしの人」で、おじいさんの独りごとを聞いていた「語り手」の存在です。この「語り手」の視点こそ、「神の視点」と呼ぶべきものです。

また小池は、二葉亭四迷が試みた言文一致体について、次のような指摘をおこなっています。

言文一致と心理小説は有機的に関連している。心理を描写・分析するには、三人称視点が必要だからである。二十三歳の若者、長谷川辰之助〔二葉亭四迷〕が苦労して言文一致を試みたのは、近代的文体を創造してやろうという野心からのみではなかった。自己の生き方と社会の在り方との矛盾に引き裂かれた近代的知識人の内面を描くという野心があったのである。〈一五七ページ〉

「言文一致と心理小説は有機的に関連している」と小池は主張します。この点についての小池の説明は、必ずしも十分ではありません。しかし、示唆に富んだ指摘として、記憶に留めておきたいと思います。

「二十三歳の若者、長谷川辰之助が……」とあるのは、一八八七年（明治二〇）から翌年にかけて、二葉亭（本名・長谷川辰之助）が小説『浮雲』を執筆していたことを指しています。この小説は、二葉亭自身も認めていたように失敗作でした。

小池清治は、小説『浮雲』が失敗に終わった理由を、作者の未熟に求めています。「作者の未熟」という言い方は、ややアイマイです。二葉亭は、その若さゆえに、主人公を突き放す「神の視点」の確立に失敗したということなのでしょうか。なお、この「神の視点」＝「三人称視点」については、第六部理論編の第21講で、もう一度、検討してみたいと思います。

なお、国木田独歩は、一九〇八年（明治四一）六月二三日に亡くなっています。『二十八人集』が刊行されてから、二か月あまりあとのことでした。二葉亭四迷は、翌年の五月一〇日に亡くなっています。独歩が亡くなってから、一年も経たないうちでした。

第15講 まとめ

▼小池清治によれば、近代文学には言文一致体と三人称視点が不可欠である。
▼近代日本文学における言文一致のルーツは、二葉亭四迷による翻訳である。
▼二葉亭四迷は、言文一致体を創出したが、三人称視点の確立には失敗した。

【文章術名言集】 その4

- 日本語のセンテンスは必ずしも主格のあることを要しない。
谷崎潤一郎〔1960：P69〕
- 「言文一致」とは、言を文にうつすことではなく、もう一つの文語の創出にほかならなかった。
柄谷行人〔1988：P159〕
- 日本語の文章は本来、ぞろぞろと後につづいてゆく構造のもので、そのため句読点がどうもつけにくく（あるいはつけにくいことが多く）、その点では平安朝以来、変つてゐないのではないか。
丸谷才一〔1995：P348〕

第五部

虚実編

文章におけるウソと真実

論文やレポートの中では、もちろん、「ウソ」は許されません。

しかし、軽いエッセイなどで、書き手が「話を盛る」ことは珍しくありません。

作家の村上春樹さんは、「小説家は虚構を創り出すことで、真実に光を当てる」という意味深長な発言をしています。第五部虚実編では、文章における「ウソ」と「真実」という問題について考えます。

第16講 架空座談会という方法

宮良当壮の修業時代

宮良当壮(一八九三〜一九六四)という国語学者・方言研究家がいます。沖縄の八重山(石垣島)に生まれました。名前の読みは、本来は「みやら・とうそう」ですが、みずからは、「みやなが・まさもり」と称したとされます。『広辞苑 第七版』は、後者を採用しています(「八重山語彙」の項)。

苦学の結果、『採訪南島語彙稿』(郷土研究社、一九二六)、『八重山語彙』(東洋文庫、一九三〇)を刊行しています。現在、第一書房から「宮良当壮全集」が刊行中です(全二二巻二三冊、未刊二巻)。

その宮良当壮について論評している座談会があります。『方言と土俗』第四巻第六号(一九三三年一〇月)の「方言研究者合評会」です。

この『方言と土俗』という雑誌は、方言研究家の橘正一(たちばなしょういち)が主宰していました。のちに、橘は、この「方言研究者合評会」なるものが、架空であったと告白しています。

以下に、橘正一著『方言読本』（厚生閣、一九三七）の巻末にある「昭和方言学者評伝」から、その一部を引用してみましょう。ルビは、引用者が振りました。〔 〕内は、引用者による補注です。

宮良当壮氏については、「方言と土俗」四巻六号に、方言研究者合評会として出て居るから、ここに転載する。名は合評会だけれども、実は自分一人が書き分けたものである事を、今白状して置く。

E「宮良さんは信頼できるといふ感じのする人だ。やる事に危なけが無い」

B「宮良さんは、今頃は、も少し、有名になツてゐてもいい人だと思ふ。随分早くから書いてゐるんだから……」

C「琉球語では、伊波〔普猷〕さんが太陽の様に輝いてゐるから、外の人は皆、光を消されてしまふのだらう」

A「宮良さんは十五日の晩に光る人だ」

D「同じ琉球語の研究者でも、伊波さんと宮良さんとでは、大分、行き方が違ふ様だ。伊波さんはやる事がはでだが、宮良さんは地味だ。伊波さんは研究家だが、宮良さんは採集家だ。伊波さんは通俗雑誌にまで書くが、宮良さんは専問（ママ）雑誌以外には書かない。だから、伊波さんの方がホピュラーだといふ事になる」

A「宮良さんはあれでいいんだよ。下手に、人の真似をすると、自分の長所まで失ツてしまふおそれがある」

D「伊波さんの代表作は古琉球と琉球古今記だし、宮良さんの代表作は採訪南島語彙稿と八重山語彙とだ。この二つを較べてみると、二人の性格や事業の相違がはツきりして来る」

A「もし伊彼さんが無かツたら、琉球語の知識は今日ほど普及しては居なかつたらうし、もし宮良さんが無かつたら、琉球語の知識は今日ほど確実ではなかつたらう」

D「宮良さんは沖縄県の最南端、台湾の一歩手前の八重山の人だが、あんな所から、よく、ああ言ふ人が出たもんだね。【中略】」

B「宮良さんは立志伝中の人だと思ふ。いつか、東京朝日新聞にも出てゐたが、納豆売りをしながら郁文館中学に通つた。洋服を着た納豆屋さんと言はれたもんださうだ。国学院大学時代には、古本屋の夜店をやつた事もある。【中略】「外来語の研究」といふ本を出した前田太郎さんの助手みたいな事をやつた事もある。助手兼八重山語の先生といふ格なんだらうが……。八重山語の蒐集(しゅうしゅう)は、その頃、中学生時代から、もう、始めてゐたんだから、考へてみれば、随分長い経歴さ」

A「僕はある人から聞いたんだが、大正十三年〔一九二四〕に、始めて、芳賀(はが)〔矢一(やいち)〕さんの推薦で、帝国学士院の会議に上(のぼ)される事になつた。それの決まつたのが一月二十日だ。会議は二月十一日にある。この間三週間。この三週間の内に、あの尨大(ぼうだい)な八重山語彙の索引を作つて、甲乙両編揃へて出さうといふ事になつた。さあ大変だ。学校は休んで、向ふ鉢巻で、カードの山の前に坐つた。この三週間の内に、四日間徹夜し、残りの日も、一度に二時間か三時間しか眠らなかつた。夜など疲れて、居睡り(いねむ)でもすると、側から妻君が裁縫用の二尺差しでつゝき起す。それでも目をさまさないと、背中に水を注ぎかけるために、冷水を入れた薬罐(やかん)まで用意してあつた。かうやつて、カードの配列から始めて、わづか三週間の内に、六百二十枚の原稿を作り上げた。最後の徹夜で清書し終つた時は、身心ともに、疲れ切つて、我が物の様でなかつたと言つてゐる。それから、履歴書を書く番だが、何しろ、疲れてゐるから、何べんも間違つて、十枚も書き直したさうだ」

D「修業時代の新井白石以上だね」

B「体が丈夫でなくちヤア出来ないな」

E「学生時代から細君が有つたのかい」

B「国学院大学の予科にゐた時に、金田一〔京助〕さんの媒妁で結婚したんだ。子供まで有つた」

本題に入る前に、若干、注釈します。「八重山」とあるのは、石垣島の古称です。この地名は、すでに本書の口語編第8講に出てきました。

伊波普猷は、那覇出身の言語学者・民俗学者です（一八七六〜一九四七）。名前の読みは、

「いは・ふゆう」です。ただし橘正一は、『方言読本』の二八一ページで、「伊波」に「イファ」というルビを振っています。

「座談会」という手法

さて、先ほどの「架空座談会」ですが、これは、なかなかの工夫ではないかと思います。書き手のもとに、さまざまな情報が集まっています。それらの情報の中には、信頼性が高いものもあれば、信頼性に欠けるものもあります。中には、出所を明らかにできない情報もまざっています。そうした情報を整理して、ひとつの文章にまとめ、名前を名乗って発表するというのは、そう簡単なことではありません。個人のプライバシーに触れたときなど、発表者の責任が問われる場合もあります。

ところが、こういうふうに架空座談会の形にしますと、信頼性の高い情報も、信頼性に欠ける情報も、順不同で、そのまま提示できます。発言者は不明で、情報の出所も不明です。発言者自体が不明ですから、その責任が問われることもありません。

そういう意味では、なかなか便利な手法なのですが、一方でこれは、かなり安易な手法であるとも言えます。ここでは、読者の皆さんに、こういう便利な手法もあることを知っていただくと同時に、こういう安易な手法には、できれば頼らないよう、お願いしておきたいと思います。

ここで、演習です。

演習⑯

先ほどの「架空座談会」の内容を、エッセイ風の文章にまとめてください。文章には、タイトルも付けてください。

解答例

宮良当壮さんの学風

宮良当壮さんは、立志伝中の人だと思う。以前、東京朝日新聞に出ていたが、宮良さんは納豆売りをしながら郁文館中学に通い、「洋服を着た納豆屋さん」と言われたこともあったという。国学院大学時代には、古本屋の夜店もやった。言語学者の前田太郎さんの助手を勤めていたこともある。

宮良さんの代表作は、『採訪南島語彙稿』（一九二六）と『八重山語彙』（一九三〇）である。八重山語の蒐集は、すでに中学生時代から始めていたというから、研究歴は長い。

宮良さんの八重山語研究が、学問的に評価されるようになったキッカケは、一九二四年（大正一三）二月に開かれた帝国学士院の会議だった。このとき、芳賀矢一さんの推薦で、宮良さんの研究が、会議の話題とされることになった。そのことが決まったのが一月二十日で、会議は二月十一日。このわずか三週間のうちに、宮良さんは、カードの配列から始めて、六二〇枚の原稿を完成させたという。

宮良さんと親しい人から聞いた話だが、宮良さんは、この間、徹夜したのが四日間で、その四日以外の日でも、二時間か三時間しか寝なかったという。夜など疲れて、居眠りでもすると、そばにいた妻君が、裁縫用のモノサシで、つついて起こす。それでも起きないときは、背中に水を注ごうと、冷水を入れたヤカンまで用意してあったという。

ともかく、こうして原稿は完成した。そのあと、履歴書を書く段になった。ところが、身心ともに疲れ切っているから、何度も間違える。結局、十枚も書き直したという。

ちなみに、宮良さんは、国学院大学の予科の学生だったときに、金田一京助さんの媒妁で結婚しており、子どもまであった。

沖縄出身の言語学者では、伊波普猷さんと宮良当壮さんが、しばしば比較対照される。よく知られている通り、伊波さんは那覇出身で、東京帝大文学部で言語学を専修したエリートだ。一方、宮良さんは八重山出身で苦学した。伊波さんは研究家で、宮良さんは採集家だ。伊波さんは通俗雑誌にも執筆するが、宮良さんは専門誌以外には執筆しない。伊波さんは派手で、宮良さんは地味だ。しかし、宮良さんは、そのままでよい。伊波さんが太陽のように輝く人だとすれば、宮良さんは十五日の晩に光る人だと思う。

解説

解答例を作るのに、かなりの時間を要しました。諸情報を整理して、ひと続きの文章にするということが、いかに大変な作業であるかを、改めて認識した次第です。

補足

座談会には、「同じ琉球語の研究者でも」という表現があります。「琉球語」というのは、伊波普猷が用いた用語で、宮良当壮は、この言葉を用いず、「南方方言」という言葉を用いたそうです〔村上2006〕。そこで、解答例では、「琉球語」という言葉を使いませんでした。

第16講 まとめ

▼情報を整理しないまま順不同で提示する「架空座談会」という手法がある。
▼架空座談会は便利だが問題のある手法であり、安易に用いるべきではない。

第17講 直江津廻り上野行きの夜行列車

高田保馬と東南海地震

社会学者にして歌人の高田保馬（やすま）（一八八三〜一九七二）に、『社会歌雑記』（甲文社、一九四七）という作品があります。

戦時中、高田保馬は、京都市上京区に住んでいました。一九四四年（昭和一九）一二月七日、「昭和東南海地震」が発生し、この地震によって、東海道線は不通になります。東京に出る用事のあった高田は、同月一〇日朝、京都駅から、「直江津廻り上野行き」の列車に乗り込みました。

『社会歌雑記』には、そのときの模様が、次のように描写されています。冒頭の（41）は、「社会歌」の通しナンバーです。ルビは、引用者が振りました。

（41）をやみなく汽笛鳴り去り鳴り来る一夜をいねぬ越の直江津（昭和十九年）

これは十二月十日という日付をもつてゐる。愛知静岡の地震があつて東海道線が不通になつてから北陸線と中央線だけが関東と関西とをつなぐ通路であつた。私共の立場では中央線の利用が出来ないので、北陸線経由で東京に往復した。年末に近づくにつれて、列車の混雑は烈しくなつた。月に一二回の東京行もなかなかのことではない。十二月十日の朝に直江津廻り上野行といふ列車にのりこんではみたが、腰かける席などあるわけはない。新聞紙をしいて小さく座つてゐた。大阪で席をとつた一行四名の客の如きは、佳肴珍味（かこうちんみ）を人見よがしに並べてつつき合つてゐる。列車の速力は遅い。直江津に着くまで十二時間、予期した通りの立ち通しである。此上（このうえ）はと思つて直江津で下車して駅前の旅館に一泊した。

車内で連(つれ)が出来て、二人は四畳半の一室をふりあてられた。野宿せずに済むだけでもありがたいことである。丁度(ちょうど)初雪の晩で町はとけかかつた雪に蔽(おお)はれてゐた。同室の客は岐阜の山中から来たといつて、かち栗を火鉢であぶつて私にもすすめた。床(とこ)に入ては見たが中々にねつかれぬ。機関車を中心として汽笛があちらに鳴つたり、こちらに鳴つたりする。たうとう、睡(ねむ)らずに夜を明(あか)してしまつた。直江津の町にとまることなど、これからまづないと思ふが、縁あつて一泊したその晩は、ただ汽笛の連続であつた。翌日、朝五時頃直江津をたつて信越線経由、上野に出た。途中所見。「漸(ようや)くに下りとなりて雪はだら長野平の冬浅みかも。」「浅間山雪のおもてにかげ動きまひるの空をわたる雲あり。」

冒頭にある「をやみなく……」と、末尾にある「漸くに……」「浅間山……」は、いずれも自作の短歌です。高田は、その時代の世相を詠みこんだ短歌を「社会歌」と名づけていました。この三つの短歌のうち、「をやみなく……」は、たしかに、「社会歌」になっています。

なお、この当時は、まだ「昭和東南海地震」という呼称はなく、文中では高田も、「愛知静岡の地震」という言い方をしています。いずれにしても、この文章（「社会歌」とそれに関する雑記）は、戦争末期の、しかも地震発生直後の交通事情を書きとめた貴重な記録と言えるでしょう。

さて、ここで設問です。

設問⓱

一九四四年（昭和一九）一二月一〇日朝、高田保馬が乗り込んだ「直江津廻り上野行きの列車」について、正しいものを、次のうちから選んでください。

a　直江津廻り上野行きの通常列車
b　東海道線の不通にともなって編成された直江津廻り上野行きの臨時列車
c　直江津行きの北陸本線通常列車

解答

a

解説

最初に、この文章を読んだとき、高田が乗った「直江津廻り上野行きの列車」というのは、地震発生にともなって編成された臨時列車なのだろうと思いました。しかし、その後、当時の時刻表を見る機会があり、これが時刻表にも載っている通常列車であったことを知りました。

その時刻表というのは、東亜交通公社発行の『時刻表』昭和十九年十二月号で、私が見たのはその復刻版です。これを見ますと、高田が乗った列車が、「大阪発、米原・直江津経由、上野行き」の602号列車だったことがわかります。大阪駅発が朝の六時五〇分、東海道線・北陸線・信越線を経由し、上野駅着が翌朝の五時四七分という列車です。

簡素だが正確な記録

高田は、京都駅から、この列車に乗り込みました。前述の時刻表を見ますと、この602号列車は、大阪駅を朝の六時五〇分に出たあと、最初の停車駅である京都駅に七時三四分着。同駅を三九分に出たあとは、各駅に停車して、米原駅に九時三〇分着。ここまでは東海道線です。同駅を三六分発、ここから北陸線です。北陸線内も各駅に停車して、金沢駅着が一四時五八分、直江津駅着が一九時四二分です。

高田は、「列車の速力は遅い。直江津に着くまで十二時間」と書いています。列車の速力が遅いのは、各駅停車だからでしょう。京都駅を出たのが朝の七時三九分、直江津着が一九時四二分。この間、十二時間三分です。高田の記述は簡素ですが、事実関係は実に正確です。

このまま、この列車に乗っていれば、高田

は、翌朝の五時四七分には、上野駅に着くことができました。しかし、すでに十二時間も「立ち通し」だったので、直江津駅で途中下車し、駅前に宿を取ることにします。車内で知り合った人物と同室です。この人は、「岐阜の山中から来た」とありますので、東海道線の下りで米原駅までやってきて、そこから、この列車に乗り込んだのでしょう。

宿が取れたのは良かったのですが、駅前の旅館だったことが災いしました。「汽笛の連続」で、とても眠れなかった（一夜をいねぬ）と、冒頭の短歌に詠っています。

高田は、「朝五時頃直江津をたつて」と書いています。これも時刻表で確認できます。直江津五時一四分発の上野行き、３１８号列車です。この列車は直江津駅が始発ですから、高田は座席を確保できたのではないでしょうか。車窓から長野平や浅間山を眺め、手帳を出して短歌を書きとめている高田の姿が目に浮かびます。ちなみに、この列車も各駅停車で、上野駅着は一四時五五分でした。

高田の記述が正確なのは、手帳にメモを取る、日記を付けるなど、歌人にふさわしい習慣を身につけていたからだと思います。もちろん、観察力や記憶力にも優れていたのでしょう。

「史料」を残すつもりで

先ほど、高田のこの文章は「貴重な記録」だと申し上げました。貴重な記録だということは、言い換えれば、「史料」としての価値を持っているということです。

　この本の読者の中には、みずからの体験を本にして残したい、みずからの人生を振り返り「自伝」のようなものを書いてみたいと、考えている方がいらっしゃるかと思います。

　前著『独学で歴史家になる方法』の第4講でも述べたことですが、そうした場合に重要なのは、「正確」な文章を書くということです。正確であるというのは、事実に即しているということであり、検証に堪えるということです。文章を公にされる場合は、アイマイな記憶や不完全なメモに頼ることは避けなくてはなりません。事実関係を確認する必要を感じた場合は、手間ヒマを惜しまず、文献、年表、新聞の縮刷版、時刻表などに当たりましょう。関係の機関に、電話・手紙などで問い合わせるという手もあります。

　あなたが、そういう正確な文章を公にされておきますと、その文章は、のちのち、「史料」としての価値を持つことになるでしょう。文章を公にされようとしている皆さんは、むしろ最初から、後世に「史料」を残すような心づもりを持っていただくよう、期待いたします。

第17講 まとめ

▼正確な文章とは、事実に即し、検証に耐える文章のことである。
▼正確な文章は、のちのち、「史料」としての価値を持つことがある。

第18講 瀧川政次郎の紀行文とウソ

紀行文の名手・瀧川政次郎

瀧川政次郎(一八九七〜一九九二)という法制史家の文章を、わたしは高く評価しています。前著『独学で歴史家になる方法』でも、そのことは申し上げました。前著では、瀧川政次郎の「後南朝を論ず」「三ノ公紀行」というふたつの文章を、「名文」として紹介しました。

本講では、「宇智(うち)の磨崖碑(まがいひ)」と題する瀧川の文章を紹介したいと思います。これは、『日本歴史解禁』(新潮社、一九五〇)に収録されているもので、全七ページの短い文章です。最初の三ページが、宇智の磨崖碑を見学したときの「紀行文」、あとの四ページは、同磨崖碑をめぐる「考証」になっています。

ここで紹介するのは、「紀行文」の部分です。かなづかいは、原文のまま。ルビは、引用者が振りました。〔 〕内は、引用者による補注です。

昭和二十三年九月、私は後南朝の史蹟を踏査する為に、五條町から長慶天皇の行在所であつた栄山寺へゆき栄山寺から、南朝四代の皇居賀名生を経て、十津川の奥に分け入り、熊野から新宮に出る計画を立てた。そこで念頭に浮んだのは、此の磨崖碑のことである。磨崖碑と後南朝は何の関係もないが、栄山寺へゆく以上は、磨崖碑を是非見て来なければならないと考へた。

九月二十九日の朝、高取町に住む友人北本信一氏と一緒に、高取の町を出て、壺阪山駅から吉野口駅まで電車で行き、吉野口から五條まで汽車で行つた。五条の駅から道を北東にとって十五六町ゆくと、「栄山寺是より八丁」の刻石がある。その道しるべから東へ二三町行くと、宇智川の岸に出る。不動橋といふ擬宝珠の石欄のついた立派な石の橋を渡る少し手前に「文部省指定史蹟宇智川磨崖碑」の石標が立つてゐる。橋の上で野良へゆく四十がらみの二人の女に会つたので「磨崖碑はどこにありますか。」と訊ねた。女は「この橋の下にあるといふこつたが、わしらあ未だ見たことがねえ。夏になると行者が来て、この橋の下で行をしてゐる。崖は急であぶないよ。とても行けるところぢやねえ。」と答へた。いかにも橋の下は千仭の谿で、はるか下に水流の巌峭〔きりたった岩〕に激する音が聞える。この辺の女は、四十になるまで一度も橋の下の磨崖碑を見に行かうとはしないのだなと思ふと、いささかなさけない気がする。「栄山寺の住職によく事情を訊いて、帰りに見ることにしませうね。」私は北本君を顧みて斯う言つた。そうしてめざす栄山寺へ歩をいそいだ。

栄山寺の方丈で食事のとき、住職に橋の下へ降りる途をたづねた。住職は「指定史蹟の碑の所から下へ降りる道があります。碑文のある岨は橋の真下です。橋の下の激流に突出た岩がありますから、その岩の上に登つて御覧なさい。字が幽かに見えます。」と親切に教へてくれた。われわれ両人は、教へに従つて指定史蹟の碑のある西の岸から岨を降りた。道はあるといふものの、殆どないに等しい。木の根岩かどを攀ぢ降りて〔つかまりおりて〕、やつと水際に出た。そこからは靴を脱いで巌の上を跣足で歩き、不動橋の下まで行つた。橋の下は暗いので、ためつすがめつ透してみるが、碑文らしいものは見えない。暗さに眼が馴れてきたせゐか、やっと水際から三尺位の所に二寸角位の字が一字二字見え出した。判読することは到底できない。碑文の終りのところに半成〔できかけ〕の仏像があるといふが、それもよく見えない。「これは写真では駄目だ。拓本で見るほかない。」と諦めて、もとの道に引きかへし、五條町へいそいだ。併し、われわれは此の磨崖碑を見る為めにあまりに多くの時間を費した為め、たうとう賀名生行きのバスに乗りおくれ、賀名生へ着いたときには、もう黒木の御所址へゆく時間がなくなつてしまつた。

いかにも瀧川政次郎らしい名文です。

早速ですが、ここで設問です。

設問⑱

文中に出てくる次の言葉の読み方を答えてください。

五條町　栄山寺　賀名生　十津川　高取町　壺阪山　吉野口　宇智川

解答

五條町（ごじょうちょう）栄山寺（えいさんじ）賀名生（あのう）十津川（とつかわ）高取町（たかとりちょう）壺阪山（つぼさかやま）吉野口（よしのぐち）宇智川（うちがわ）

解説

地名や人名の読みには、難しいものが多いようです。濁点のあるなしなどは、典拠にあたって確認する必要があります（栄山寺は、「えいざんじ」でなく「えいさんじ」）。町村名は、「○○まち」、「○○むら」と読む場合と、「○○ちょう」、「○○そん」と読む場合とがありますので、注意を要します。

なお、漢字にふりがな（ルビ）が振ってあるからといって、読めるとは限りません。『日本歴史解禁』の一七九ページを開きますと、「賀名生」に「あなふ」というルビが振られています。これを「あ・な・ふ」と読んではなりません。当時は、この表記で「あのう（アノー）」と読ませていたのです。

瀧川の名文の秘密

この紀行文で瀧川は、短いセンテンスを重ねながら、刻々と変化する状況を描写していきます。この間、接続詞は一度も使われていません。それでいて文章の流れは自然です。「名文」だと思います。

ここで、瀧川の紀行文の秘密について考えてみましょう。ここで紹介した紀行文（「宇智の磨崖碑」の前半）に関して言えば、瀧川の「名文」を支えているものとして、次の三点を挙げることができるように思います。

1　時間軸に沿って記述している

この文章は、時間軸をシッカリと保ち、それに沿って筆を進めています。朝、高取町を出たところから、五条駅に着き、徒歩で栄山寺に向かうところまで。途中、不動橋から宇智川を見下ろすところ。栄山寺で昼食をとり、ふたたび不動橋へ向かうところ。ガケを降りて、宇智川の水際へ達し、さらに碑文の見える地点まで歩くところ。碑文の判読を断念して、五條町に戻るところ。このように、時間軸に沿って、整然とした記述がなされています。

2　筆者の「視点」がハッキリしている

ここで「視点」とは、筆者が対象を視ている位置のことです。この文章では、筆者の視点が刻々と変化しますが、文章は、その変化を明確に伝えています。栄山寺に向かう途中、「栄山寺是より八丁」という刻石に気づくところ、宇智川までやってきて不動橋を観察するところ。橋の上でふたりの農婦に出会うところ。橋から「千仭の谿」を見下ろすところ。栄山寺の住職から、「降り方」を聞くところ。碑文が見える水際まで降りていくところ。碑文に向かって目を凝らしているうちに、ようやく数文字が見えてくるところ。

3　各センテンスの末尾に変化をつけている

たとえば、引用した文章のうち、二番目のパラグラフに注目してみましょう。このパラグラフには、全部で十のセンテンスが含まれていますが、その末尾は、「行つた」「刻石がある」「に出る」「立つている」「訊ねた」「答えた」「聞こえる」「気がする」「言つた」「いそいだ」となっています。基本的には、全部、過去形の末尾（－た、－だ）にしても問題はないわけですが、半数のパラグラフで、現在形の末尾（－る）を用いています。過去形と現在形を混用することによって、文章が単調にならないようにしているのです。また、現在形を用いますと、文章の臨場感を高めることができます。現在形を用いているところでは、筆者の意識も、過去にタイムスリップしているのでしょう。読者も当然、それにおつきあいすることになります。

これらのほかにも、この文章には、さまざまな工夫が見られます。農婦の「嵖は急であぶないよ。とても行けるところぢやねえ。」という言葉を、直接話法で入れているところ、「木の根岩かどを攀ぢ降りて」「靴を脱いで巌の上を裸足で歩き」など、読み手の身体感覚に訴えているところです。参考にしていただければ幸いです。

ウソか文飾か

この瀧川の紀行文を第五部虚実編で紹介したのは、そこに、ひとつの「ウソ」が含まれているからです。

引用した部分の最後に、「われわれは此の磨崖碑を見る為めにあまりに多くの時間を費した為め、たうとう賀名生行きのバスに乗りおくれ、……」とありました。実は、これが「ウソ」なのです。

この日は、両人にとって、後南朝史蹟踏査の第一日でした。最初の計画では、朝早く高取町（奈良県高市郡）の北本信一氏宅を出発、五條町（奈良県宇智郡）で栄山寺と宇智川磨嵖碑を見学したのち、午後二時ごろまでには、バスで賀名生村（奈良県吉野郡）に到り、さらに徒歩で、南朝黒木御所跡（奈良県吉野郡天川村）を見学する、ということになっていました。

ところが、実際には、ふたりが賀名生村に到着したのは、夕闇せまる午後六時でした。なぜ、こんなに遅くなってしまったのでしょうか。「宇智川の磨崕碑」という文章を読む限り、磨崖碑の見学で時間を取りすぎたことが原因だったようです。しかし、真相は、そうではありません。

同じ『日本歴史解禁』に、「栄山寺訪古記」という文章が収録されています。それによりますと、この日、両人は、まず、高取町にある北本信一氏の菩提寺に立ち寄って、同寺の住職から栄山寺宛ての「添書」をもらいました。そこで時間を取られた結果、吉野口駅から五条駅まで乗る国鉄和歌山線に、「ひと汽車乗りおくれ」ることになりました。早朝に出発したにもかかわらず、両人が栄山寺についたときは、正午近くなっていました。しかも、栄山寺では「住職との話に身がいつて」、そこを辞去したときは、すでに「午後二時半を少し過ぎて」いたのです。その上さらに、「宇智川の磨崕碑」まで見学したわけですから、賀名生村への到着が夕方になったのは当然だったのです。

瀧川は、この「宇智川の磨崕碑」という文章の前半、紀行文の部分では、こうした事情を、くどくどと説明する必要はないと判断したのでしょう。そこで、「われわれは此の磨崖碑を見る為めにあまりに多くの時間を費した為め、……」と書いたのです。そう書くことによって、「磨崖碑」見学の苦労を強調したかったのでしょう。

しかも、この「宇智の磨崖碑」という文章の場合、重要なのは、同磨崖碑をめぐる「考証」の部分なのであって、「紀行文」は、その前段にすぎないとも言えます。

先ほど、「ウソ」という言葉を使いましたが、瀧川政次郎を非難したいわけではありません。こうした「紀行文」では、話を単純化することもあれば、話を盛ることもあるでしょう。むしろ、そうした軽い「虚構」は、いわゆる「文飾」であり、文章上のテクニックのひとつと捉えてよい、というのが本書の立場です。

ただし、そうした虚構や文飾が許されるのは、紀行文、自伝、エッセイなど、肩の凝らない文章の中だけの話です。もちろん、そうした文章の中でも、見えすいたウソや、自他を偽るようなウソは許されません。

第18講 まとめ

▼名文とされる文章には、筆者のさまざまな工夫が見出せる。

▼紀行文、自伝、エッセイなどには、虚構や文飾が含まれていることがある。

第19講 村上春樹と「猫」のメタファー

「壁と卵」のメタファー

作家の村上春樹さんは、二〇〇九年に、エルサレム賞を受賞しました。村上さんが、この賞の受賞に応じたことは、当時、大きな話題になりました。エルサレム市での授賞式の際に、村上さんがおこなったスピーチの内容も、かなり話題になりました。

最近になって、村上さんの『雑文集』(新潮社、二〇一一年一月)を入手し、その中の〝「壁と卵」――エルサレム賞・受賞のあいさつ〟という文章を読みました。そこには、さまざまなメッセージが織り込まれていました。これを、順を追って整理しますと、次のようになります。

1　小説家というのは、うまいウソをつくことを職業にしている者である。本当のように見える虚構を創り出すことによって、真実を引っ張り出し、それに光を当てる職業である。

2　ただし、このあいさつでは、嘘をつくつもりはない。
3　この賞を受賞することについて反対する人もあったが、反対されると、かえって賞を受けたいと思うようになった。
4　大きな壁と、そこにぶつかって割れる卵があったとしたら、私は常に卵の側に立つ。これは、ひとつのメタファーである。
5　私が小説を書く理由は、個人の魂の尊厳を浮かび上がらせ、そこに光を当てるためである。
6　私の父は、昨年〔二〇〇八〕の夏に、九十歳で亡くなった。子供のころの父は、戦地で死んでいった人のために、毎朝、深い祈りを捧げていた。
7　我々には生きた魂があるが、システムには魂がない。システムに我々を利用させてはならない。

このうち「5」、あるいは「7」は、あとの【設問⑲】と関わってきます。ここで少し、原文を引いておきます。

私が小説を書く理由は、煎じ詰めればただひとつです。個人の魂の尊厳を浮かび上がらせ、そこに光を当てるためです。我々の魂がシステムに絡めとられ、貶められることのないよ

うに、常にそこに光を当て、警鐘を鳴らす、それこそが物語の役目です。私はそう信じています。〈七九ページ〉

村上さんは、「4」で、メタファーという言葉を使っています。メタファー（英語ではmetaphor）は、一般に「暗喩」と訳されています。「4」でいう「壁と卵」は、ひとつのメタファーであり、それは、「5」や「7」の内容を示唆しているように読めます。

いずれにしても、この「受賞のあいさつ」は、村上文学の本質を探ろうとしている者に、重要なヒントを提供しているようです。その際のキーワードは、虚構とメタファーです。

村上さんとその父親

村上さんは、その後、雑誌『文藝春秋』の二〇一九年六月号に、「猫を棄てる――父親について語るときに僕の語ること」というエッセイを発表しました。

このエッセイは、同号の二四〇ページから始まり、二六七ページで終わっています。二四〇ページは、その全ページを使って一枚の写真が紹介されています。広場のようなところで、バットを持って投球を待っている半ズボンの少年がいます。その後ろには、グローブをはめてキャッチャーのように構えている中年の男性。この少年が、若き日の村上春樹さんで、中年の男性が、その父親です。村上少年は、素足に木のサンダル、父親は下駄を履いています。

ページ右上に「特別寄稿 自らのルーツを初めて綴った」とあり、右下に「村上春樹」とあります。さらにその下に、村上春樹氏の近影。

この「自らのルーツ」という言葉は、たしか、新聞広告にも載っていたと記憶します。この言葉に反応し、同誌同号を買い求めた人は、少なくなかったでしょう。かく言う私も、その一人です。

エッセイは、全部で十四の節に分かれています。最初の節は、「父親と村上少年と猫」の話です。最後の節に、もういちど「猫」が出てきます。その間の十二節は、ほとんど「父親」の話です。父親の生い立ちの話、父親と兵役についての話、あるいは父親と村上さんの関係についての話です。

村上さんは、なぜここで、自分の「父親」について語ったのでしょうか。エッセイの二五〇ページによりますと、村上さんは、父親の死後五年が経ってから、その軍歴を調べてみようと思い立ったそうです。父親が亡くなったのが二〇〇八年ですから、二〇一三年ころから調べはじめたのでしょう。調査の過程で、父親が「南京攻略戦」に参加していなかったことが判明します。「ひとつ重しが取れたような感覚があった」と、村上さんは書いています。

そうした軍歴調査が、今回のエッセイに結びついたことは、間違いありません。しかし、それ以上に大きいのは、村上さん自身が「老境」を意識されたことではないのでしょうか。村上さんは、このエッセイを書かれた時点で、七十歳です。吉川英治、江戸川乱歩、吉行淳之介といった作家は、七十歳で亡くなっています。橋本治さんも、二〇一九年一月に、七十歳で亡くなっています。

かつては、父親のことを「老人」として意識していた村上さんですが、気づいてみると、自身が「老境」に達していました。――そうした中で、改めて、自分の「父親」について振り返ったのが、このエッセイだったのではないでしょうか。

棄てた猫が戻ってくる

それにしても、自分の父親をテーマにしたエッセイに、なぜ、「猫を棄てる」というタイトルが付いているのでしょうか。

このエッセイは、小学校の低学年だった村上さんが、父親とふたりで、一匹のメス猫を海辺まで捨てにいくエピソードから始まっています。昭和三〇年代初めのことだったようです。ところが、猫を捨てて帰ってくると、すでに猫は家に戻っていて、玄関で、「にゃあ」とふたりを迎えたそうです。

この話は、実際にあった話だと思いますが（ウソではないと思いますが）、同時に、「メタファー」だと思います。村上さんの父親は、京都のお寺の次男に生まれましたが、子どものころ、「口減らし」のために、奈良の寺に預けられたことがありました。しかし、「寒さのために健康を害し」、実家に戻されます。捨てたはずの猫が戻ってくるというメタファーは、父親が子ども時代に体験した苦労として解釈できるように思います。

さらに、このメタファーについては、もうひとつ、別の解釈も可能です。エッセイによれば、村上さんは、職業作家になったころから、父親とは、ほとんど絶縁状態にあったようです。村上さんは、しかし、父親が九十歳を迎えたころ、入院中の父親を訪ね、「和解のようなこと」をおこないました（二六四〜二六五ページ）。父親が村上さんを捨てたのか、村上さんが父親を捨てたのか、双方が互いに相手を捨てたのか。このあたりは、よくわかりません。しかし、捨てたはずの猫が戻ってくるというメタファーは、この和解という出来事としても解釈できると思いました。

木から降りられなくなった猫

このエッセイの最後の節にある見出しは、「松の木を上っていった猫」です。そこで村上さんは、再び猫の思い出を語っています。子ども時代に出会った猫ですが、最初の節に出てくる猫とは別の猫です。

その猫は、白い可愛い子猫でした。その子猫は、ある日、村上少年が見ている前で、庭にあった松の木をスルスルと登っていきました。しかし、あまりに高いところまで登ったので、降りられなくなってしまいました。その子猫が、その後、どうなったかはわかりません。松の枝に「しがみついたまま、死んでひからびてしまった」のかもしれません。少なくとも、村上少年は、松の木を見上げながら、そのように想像しました。「降りることは、上がることよりずっとむずかしい」――これは、松の木から降りられなくなった子猫を見て、少年時代の村上さんが、心に刻んだ教訓です。

この話を紹介するにあたって、村上さんは、次のように述べています。

もうひとつ子供時代の、猫にまつわる思い出がある。これは前にどこかの小説に、エピソードとして書いた記憶があるのだが、もう一度書く。今度はひとつの事実として。

わざわざ、「ひとつの事実」と断っています。しかし、この言葉を信じてはなりません。小説家は、うまいウソをつくことを職業にしていますから。

この「木から降りられなくなった猫」という話もまた、メタファーだと思います。では、このメタファーが暗示しているものは、いったい、どういうことなのでしょうか。

わたしは、次のように捉えました。村上春樹さんの文学は、みずからの「根」（ルーツ）にあるものを捨て去ることによって、きわめて高いところまで登りつめました。しかし、「老境」に達したのを機会に、みずからの「根」にあるものを意識します。あるいは、みずからの「根」にあるものと和解しようとします。たとえば、「父親」という存在です。ところが、その「根」にある部分まで降りていく作業が、意外に困難であることに気づきます。――というわけで、こちらの猫の話も、最初の猫の話と結びついてくるわけです。

さて、ここで設問です。

設問⑲

村上春樹さんのエッセイの最後に、次のような一節があります。これを読んで、あとの三つの小問に答えてください。なお、傍点は、原文のままです。

言い換えれば我々は、広大な大地に向けて降る膨大な数の雨粒の、名もなき一滴に過ぎない。固有ではあるけれど、交換可能な一滴だ。しかしその一滴の雨水には、一滴の雨水なりの思いがある。一滴の雨水の歴史があり、それを受け継いでいくという一滴の雨水の責務がある。我々はそれを忘れてはならないだろう。たとえそれがどこかにあっさりと吸い込まれ、個体としての輪郭を失い、集合的な何かに置き換えられて消えていくのだとしても。

小問1　文中の「一滴の雨水」に対応する言葉を、「エルサレム賞・受賞のあいさつ」から選ぶとすれば、それは何でしょうか。

小問2　文中の「集合的な何か」に対応する言葉を、「エルサレム賞・受賞のあいさつ」から選ぶとすれば、それは何でしょうか。

小問3　村上さんは、「受け継いでいく」という七文字に、わざわざ傍点を施しています。その理由を推定してください。

小問1解答……………………………………………

個人の魂

小問2解答……………………………………………

システム

小問1・2解説……………………………………………

「卵」や「一滴の雨水」は、個人の魂のメタファーであり、「壁」や「集合的な何か」は、システムのメタファーです。したがって、小問1の解答は「卵」でもよく、小問2の解答は「壁」でもよいでしょう。

小問3解答例……………………………………………

個人の魂は、別の個人の魂へという形で受け継がれていくべきだから。

小問3解説……………………………………………

個人の魂は、別の個人の魂へという形で受け継がれていくべきだという発想は、「エルサレム賞・受賞のあいさつ」にはありませんでした。この発想は、その後、父親という「ルーツ」について調べていくうちに、生まれてきたものと考えます。

第19講 まとめ

▼小説家は、本当に見える虚構を創り出すことで、真実を引き出すことができる。

▼村上春樹の小説は、システムに絡めとられがちな個人の魂に光を当てている。

【文章術名言集】その5

▪歴史が史上最高の美女というときには、なんらかの裏付けがなければならないのでありますが、小説はそれ自体で成り立っている小宇宙だからなんの裏付けもいらない

三島由紀夫〔2018：P214〕

▪深夜、スタンドの灯の下でひそかに小説を書くのは、贋金づくりの仕事に似ている。

吉村 昭〔1995：P66〕

▪私にも年に数日は嘘をつかない日がありますし、今日はたまたまその一日にあたります。

村上春樹〔2011：P76〕

第五部では、やや理論的な問題を扱ってみます。
バフチンの文学理論や、吉本隆明の言語理論を踏まえながら、
「多声」「視点」「感動」という問題について考えます。
第20講の素材は、樋口一葉の「十三夜」、
第21講の素材は、夏目漱石の『吾輩は猫である』、
第22講の素材は、吉本隆明の『言語にとって美とはなにか』です。

第六部

理論編

文章について深く考える

第20講 樋口一葉のポリフォニー小説

三島由紀夫と大西巨人

三島由紀夫は、その著書『文章読本』の中で、日本の小説には、ドストエフスキーの小説に見られるような「劇的な緊張と対立の上に成り立った会話」がない、と述べています。日本の小説では、「小説の重要な筋に肉迫するような、劇的な会話は避けられて」きた、とも述べています（新潮文庫〔改版〕二〇一八、八七ページ）。

三島が、「自分の小説」について、劇的な緊張と対立の上に成り立った会話がない、と認めることは自由です。しかし、日本文学一般について、劇的な緊張と対立の上に成り立った会話がない、と規定するのは、いかがなものでしょうか。

わたしは、大西巨人の『神聖喜劇』が完結した折に、全五巻を買い求めましたが、そこにある劇的で緊張感のある「会話」、思想的で深みのある「対話」に目を見張りました。

三島の『文章読本』の初出は、一九五九年（昭和三四）一月です〔野口2018〕。『神聖喜劇』が雑誌『新日本文学』に連載され始めたのは、一九六〇年（昭和三五）一〇月でした。三島は、大西の『神聖喜劇』に接することなく、日本文学には、劇的な緊張と対立の上に成り立った会話がないと判定したわけですが、そのあとで、雑誌に連載された『神聖喜劇』を読んだとしても、その判定を改めたかどうかは微妙なところでしょう。ちなみに、『神聖喜劇』の連載が終了したのは、一九七〇年（昭和四五）一〇月でした。三島由紀夫が自決したのは、奇しくも、その翌月でした。

「十三夜」の中の会話

さて、本講で採り上げるのは、作家の樋口一葉（一八七二〜一八九六）の小説「十三夜」です（初出は、一八九五年一二月）。この作品には、「劇的な緊張と対立の上に成り立った会話」があります。というより、この作品は、ほとんど、四人の登場人物が交わす「劇的で緊張感のある会話」のみで、構成されています。

本文を引用する前に、ストーリーを紹介しておきましょう。高級官吏・原田勇に嫁した「お関」が、夫の仕打ちに耐えかね、夜中、原田の家を飛び出して、実家の齋藤家に戻ってきます。母親は娘に同情し、原田の家の悪口を言い続けます。娘も、すでに離縁を覚悟しており、今夜限り、もう原田の家には戻らないと声をふるわせます。しかし、父親（齋藤主計）は冷静です。こんこんとお関をさとし、今夜は、原田の家に帰るようにと促すのです。

「十三夜」は、岩波文庫版『大つごもり・十三夜』(一九七九)で言いますと、二十三ページ弱の小篇ですが、以下に、そのうちの三ページ分弱を引いてみましょう。引用が長くなりますが、あとの【設問⑳】の関係もあって、ここはどうしても、この長さの引用が必要です。句読点、かなづかい、ルビは、岩波文庫版に従いました。

父は歎息して、無理は無い、居愁(いづ)らくもあらう、困つた中に成つたものよと暫時(しばらく)阿関(おせき)の顔を眺めしが、大丸髷(おほまるまげ)に金輪(きんわ)の根を巻きて黒縮緬の羽織何の惜しげもなく、我が娘ながらいつしか調(とゝの)ふ奥様風、これをば結(ゆ)び髪に結ひかへさせて綿銘仙(めんめいせん)の半天に襷(たすき)がけの水仕業(みづしわざ)さする事いかにして忍ばるべき、太郎といふ子もあるものなり、一端の怒りに百年の運を取はづして、人には笑はれものとなり、身はいにしへの齋藤主計(かずへ)が娘に戻らば、泣くとも笑ふとも再度(ふたゝび)原田太郎が母とは呼ばるゝ事成るべきにもあらず、良人(おつと)に未練は残さずとも我が子の愛の断ちがたくば離れていよいよ物をも思ふべく、今の苦労を恋しがる心も出づべし、斯(か)く形よく生れたる身の不幸(ふしあはせ)、不相応の縁につながれて幾らの苦労をさする事と哀れさの増(まさ)れども、いや阿関こう言ふと父が無慈悲で汲取つて呉れぬのと思ふか知らぬが決して御前を叱るではない、身分が釣合はねば思ふ事も自然違ふて、此方(こちら)は真(しん)から尽す気でも取りやうに寄つては面白くなく見える事もあらう、勇(いさむ)さんだからとて彼(あ)の通り物の道理を心得た、利発の人ではあり随分学者でもある、無茶苦茶にいぢめ立る訳ではあるまいが、得(え)て世間

に褒め物の敏腕家などと言はれるは極めて恐ろしい我まゝ物、外では知らぬ顔に切つて廻せど勤め向きの不平などまで家内へ帰つて当りちらされる、的に成つては随分つらい事もあらう、なれども彼れほどの良人を持つ身のつとめ、区役所がよひの腰弁当が釜の下を焚きつけて呉るのとは格が違ふ、随がつてやかましくもあらう六づかしくもあらう夫を機嫌の好い様にとゝのへて行くが妻の役、表面には見えねど世間の奥様といふ人達の何れも面白くをかしき中ばかりは有るまじ、身一つと思へば恨みも出る、何の是れが世の勤めなり、殊には是れほど身がらの相違もある事なれば人一倍の苦もある道理、お袋などが口広い事は言へど亥之が昨今の月給に有ついたも必竟は原田さんの口入れではなからうか、七光どころか十光もして間接ながらの恩を着ぬとは言はれぬに愁らからうとも一つは親の為弟の為、太郎といふ子もあるものを今日までの辛棒がなるほどならば、是れから後とて出来ぬ事はあるまじ、離縁を取つて出たが宜いか、太郎は原田のもの、其方は齋藤の娘、一度縁が切れては二度と顔見にゆく事もなるまじ、同じく不運に泣くほどならば原田の妻で大泣きに泣け、なあ関さうでは無いか、合点がいつたら何事も胸に納めて知らぬ顔に今夜は帰つて、今まで通りつゝしんで世を送つて呉れ、お前が口に出さんとても親も察しる弟も察しる、涙は各自に分て泣かうぞと因果を含めてこれも目を拭ふに、阿関はわつと泣いて夫れでは離縁をといふたも我まゝで御座りました、成程太郎に別れて顔も見られぬ様にならば此世に居たとて甲斐もないものを、唯目の前の苦をのがれたとて何うなる物で御座んせう、ほんに私さへ死んだ気にならば三方四方波風たゝず、兎(と)もあれ彼(あ)の子も両親の手で育てられまするに、つまらぬ事を思ひ寄(より)まして、貴君(あなた)にまで嫌やな事をお聞かせ申しました、今宵(こよひ)限り関はなくなつて魂一つが彼(あ)の子の身を守るのと思ひますれば良人のつらく当る位百年も辛棒出来さうな事、よく御言葉も合点が行きました、もう此様(こん)な事は御聞かせ申しませぬほどに心配をして下さりますなとて拭ふあとから又涙、母親は声たてゝ何といふ此娘(このこ)は不仕合と又一しきり大泣きの雨、くもらぬ月も折から淋しくて、うしろの土手の自然生(じねんばへ)を弟の亥之が折(をつ)て来て、瓶にさしたる薄の穂の招く手振(てぶ)りも哀れなる夜なり。

今となっては、たいへん読みにくい文章です。しかし、ルビを頼りに読んでみますと、流れるような名文であることに気づきます。もちろん、音読に堪える文章です。

さて、この引用部分には、「父親が心の中で発している言葉」「父親が声に出している言葉」「お関が声に出している言葉」「母親が心の中で発している言葉」「母親が声に出している言葉」が含まれており、これらの発話者を正しく読みわけなければ、スジが理解できません。そこで、次に、この発話者についての設問です。

設問⑳

右の引用文に関して、次の四つの小問に答えてください。

小問1　引用文には、「父親が心の中で発している言葉」が、ふたつ含まれています。その前後に〈　〉を付して、それを示してください。

小問2　引用文には、「父親が声に出している言葉」が、ひとつ含まれています。その前後に《　》を付して、それを示してください。

小問3　引用文には、「お関が声に出している言葉」が、ひとつ含まれています。その前後に「　」を付して、それを示してください。

小問4　引用文には、「母親が声に出している言葉」が、ひとつ含まれています。その前後に『　』を付して、それを示してください。

小問1解答例

ひとつは、〈無理は無い、居愁らくもあらう、困つた中に成つたものよ〉。もうひとつは、〈我が娘ながらいつしか調ふ奥様風、……斯く形よく生れたる身の不幸、不相応の縁につながれて幾らの苦労をさする事〉。

小問2解答

《いや阿関こう言ふと父が無慈悲で汲取つて呉れぬのと思ふか知らぬが決して御前を叱るではない、……お前が口に出さんとても親も察しる弟も察しる、涙は各自に分て泣かうぞ》

小問3解答……「夫れでは離縁をといふたも我まゝで御座りました、……よく御言葉も合点が行きました、もう此様な事は御聞かせ申しませぬほどに心配をして下さりますな」

小問4解答……『何といふ此娘は不仕合』

小問1解説……ひとつ目は、〈無理は無い、居愁らくもあらう、困つた中に成つたものよ〉で、よいと思います。ふたつ目については、ほかの捉え方もありえると考えましたので、「解答例」としました。

小問2解説……ここで、父親は、かなり長い間、ずっと語り続けています。この長さが大切なのです。つぶやくように、さとすように、あるいは、励ますように、言葉を選び、情理を尽くして、わが娘に語りかけています。その間に、お関の心は、少しずつ変化していきます。思わず家を飛び出してきた自分の行動を、後悔しはじめます。

小問3解説……ここで、お関は、父親に向かって話し、同時に、自分に向かって言い聞かせているのでしょう。

小問4解説

母親が、「何といふ此娘は不仕合」と泣き崩れたのは、娘の言葉が、自分に言い聞かせるためのものであることに気づいたからでしょう。

ポリフォニー小説とは

さて、本講で、樋口一葉の「十三夜」を採り上げたのは、この小説が、一種の「ポリフォニー小説」ではないのかと考えたからです。ポリフォニー小説というのは、ロシアの文芸学者ミハイル・バフチン（一八九五〜一九七五）の用語です。ポリフォニーは一般に、「多声」などと訳されています。

バフチンを引用してみましょう。バフチンは、『ドストエフスキーの詩学』（ちくま学芸文庫、一九九五）で、次のように説いています。傍線は、引用者が引きました。

それぞれに独立して互いに融け合うことのないあまたの声と意識、それぞれがれっきとした価値を持つ声たちによる真のポリフォニーこそが、ドストエフスキーの小説の本質的な特徴なのである。彼の作品の中で起こっていることは、複数の個性や運命が単一の作者の意識の光に照らされた単一の客観的な世界の中で展開されてゆくといったことではない。

そうではなくて、ここではまさに、それぞれの世界を持った複数の対等な意識が、各自の独立性を保ったまま、何らかの事件というまとまりの中に織り込まれてゆくのである。実際ドストエフスキーの主要人物たちは、すでに創作の構想において、単なる作者の言葉の客体であるばかりではなく、直接の意味作用をもった自らの言葉の主体でもあるのだ。【中略】この意味でドストエフスキーの主人公の形象は、伝統的な小説における普通の客体的な主人公像とは異なっているのである。

ドストエフスキーはポリフォニー小説の創造者である。〈一五～一六ページ〉

よく引用される箇所ですが、特にわたしは、傍線の部分に注目しました。まさにこれは、「十三夜」の世界ではないのか、と。

この物語の主人公は、原田勇の妻「関」です。しかし、実家の父親あるいは母親もまた、主人公と対等な意識を持った独自な存在として、物語に登場しています。

ここまでに登場する人物は三人です。このあと、第四の人物が登場します。父親の説得に従って、原田の家に戻ることを決意したお関は、母親が呼びとめた人力車に乗って家に向います。ところが、その人力車の車夫は、途中で車を止め、「代はいりませぬから、お降りなすって」と言い出します。お関が叱っても、「もう引くのがいやになったのでござります」と言って聞き入れません。予想もしなかった展開です。そうです、この車夫が、第四の登場人物です。

この車夫は、いったい何者なのでしょうか。なぜ、「もう引くのがいやになった」と言い出したのでしょうか。これについては、まだ「十三夜」をお読みになっていない読者のために、説明を控えます。ただし、車夫が、父親あるいは母親以上に重要な登場人物であることは、申し上げておかなくてはなりません。このあと車夫は、お関に向って身の上話を語り始めます。ここでも重要なのは「会話」です。そして、この車夫もまた、この物語においては、主人公のお関と「対等な意識」を持つ独自な存在なのです。

連鎖する発話

樋口一葉の「十三夜」は、バフチンのいう「ポリフォニー小説」に当たるという私見を示しました。

今回、この本の執筆と並行しながら、バフチンの著作、バフチン理論の解説書を、いろいろ読んでみました。バフチンの理論は、実に鋭くて、なかなか面白く、しかも役に立つという印象を持ちました。本書で、「十三夜」を採り上げたのも、もちろん、バフチンを読んだ影響です。父親が長々とお関をさとしている場面を引用したのも、バフチンの影響によるものです。

バフチンは、その著『ことば 対話 テキスト』(新時代社、一九八八)の中で、次のような指摘をおこなっています。

……くりかえすが、発話は言語コミュニケーションの連鎖の一環であって、これを先行する諸々の環から切り離すことはできない。それらの環は、この発話のうちに直接的な返答の反応や対話的な応答を生み出すことによって、この発話を外からも内からも規定しているのである。

だが発話は、言語コミュニケーションの先行の環だけでなく、後続の環ともむすびついている。発話が話者によってつくられるとき、後続の環はもちろんまだ存在していない。けれども発話は最初から、ありうべきさまざまな返答の反応を考慮して構築されるわけで、本質的には、それらの反応のために発話はつくられるのである。〈一七九〜一八〇ページ〉

「十三夜」における父親の発話は、先行するお関や母親の発話を受けています。のみならず、後続するお関の発話（返答）を考慮して構築されています。まさに、バフチンの指摘の通りです。

バフチンはまた、ヴォローシノフの名前で発表した「芸術のことばの文体論」において、次のような指摘をおこなっています。これは、『バフチン言語論入門』（せりか書房、二〇〇二）から引用します。

対話、つまり、言葉の交換は、言語のもっとも自然な形態である【カッコ内の注記、略】。さらにつぎのこともいえる。ひとりの語り手の長い発話、演説者の弁論とか、教授の講義、俳優の独白、ひとりきりで声を出しておこなう推論とか、これらの発話はすべて外的形態の点でのみモノローグ的なのである。実際には、意味と文体上の構成全体からすれば、これらは対話的である。このことを知っておくことは、登場人物のことばでモノローグという手法をもちいる作家なら誰にとってもはなはだ重要である。〈一四四ページ〉

モノローグ（独話）も、実は対話的であるという指摘です。これも「十三夜」に登場する人物の発話に当てはまります。先ほど、バフチンの理論は役に立つと申し上げましたが、ご理解をいただけたでしょうか。

なお、この講の最初で、三島由紀夫の『文章読本』に触れました。三島は、バフチンの理論に接していなかったと思いますが、ドストエフスキーの小説に「劇的な緊張と対立の上に成り立った会話」があることを認めていました。この点はサスガです。それだけに三島由紀夫には、日本の小説は劇的な会話を避けてきたなどと居直ることなく、みずから、ドストエフスキーに匹敵しうる小説を残してほしかったところです。

第20講 まとめ
▼樋口一葉の「十三夜」は、劇的で緊張感のある会話によって構成されている。
▼バフチンの理論は、日本文学の解釈にも応用できるし、応用すべきである。

第21講 夏目漱石と「猫」の視点

ヴァーチャル日本語

日本語学者の金水敏（きんすいさとし）さんに『ヴァーチャル日本語 役割語の謎』（岩波書店、二〇〇三）という著書があります。この本の第一章で金水さんは、〈博士語〉という概念を提示しています。たとえば、漫画『鉄腕アトム』に出てくる「お茶の水博士」は、「……じゃ」という話し方をします。一人称は「わし」です。漫画『名探偵コナン』に出てくる「阿笠博士」も、「……じゃ」という話し方をします。一人称は「ワシ」です。これが〈博士語〉です。

いまの日本に、こういう〈博士語〉を使って話す人はいません。にもかかわらず、この〈博士語〉は、いかにも「それらしく」聞こえます。それは、この〈博士語〉が、漫画の世界などで、ヴァーチャル（virtual）な言葉（「仮」の言葉）として存在感を持ってきたからです。

こうしたヴァーチャルな言語を、金水さんは、「ヴァーチャル日本語」と呼びました。ヴァーチャル日本語は〈博士語〉に限りません。そのほか、〈老人語〉〈田舎ことば〉〈女性語〉〈お嬢様ことば〉なども、金水さんは、ヴァーチャル日本語として捉えています。

こういうユニークで魅力的な本ですが、つい最近までわたしは、この本のことを知らず、昨年の半ばに、初めて読みました。手に取ったのは、二〇一三年二月発行の第十二刷でした。専門書であるにもかかわらず、十年間に第十二刷まで達するというのは、稀有な例だと思いました。

一読して、すぐに連想したのは、夏目漱石の小説『吾輩は猫である』でした。よく知られている通り、この小説は、「猫」の視点から描かれています。この猫（名前はない）は、「である体」で話します。一人称は「吾輩」です。

この小説は、最初、一九〇五年（明治三八）一月から翌年の八月まで、俳句雑誌『ホトトギス』に連載されました。「である体」は、言文一致体のひとつですが、「である体」が「話し言葉」として用いられる例は、演説会、大学の講義などを除けば、それほど多くなかったと思います。「吾輩」という一人称もまた、日常の会話で使われる例は多くなかったと思います。

「吾輩は猫なり」という文語体は、当時でもありえた「書き言葉」だと思います。しかし、「吾輩は猫である」という文体は、「話し言葉」としては、はなはだ奇異なものであったはずです。これは、この小説のために、その主人公たる「猫」のために案出された文体だったように思います。もう少し言えば、この文体は、小説の主人公たる猫の話し言葉（猫語）として漱石が創出した、「ヴァーチャルな日本語」だったのだと思います。

苦沙弥先生の日記

今回、この本を執筆するために、およそ半世紀ぶりに、『吾輩は猫である』を読んでみました。非常にこなれた口語文になっていることに、改めて驚きました。たとえば、次のような文章です。引用は、新潮文庫（改版二〇〇三）から。

〇〇と云う人に今日の会で始めて出逢った。あの人は大分放蕩をした人だと云うがなるほど通人らしい風采をしている。こう云う質（たち）の人は女に好かれるものだから〇〇が放蕩をしたと云うよりも放蕩をするべく余儀なくせられたと云うのが適当であろう。あの人の妻君は芸者だそうだ、羨ましい事である。〈一八〜一九ページ〉

これは、猫＝「吾輩」の飼い主・珍野苦沙弥（ちんのくしゃみ）先生の日記の一部です。今日の私たちから見て、この日記は、何の違和感もなく、ごく普通の文章として読めます。それは、漱石が創出した文体が、その後、多くの日本人に受け入れられた結果だと言ってよいでしょう。『吾輩は猫である』が発表された当時は、「猫」＝「吾輩」の語り（ヴァーチャルな「猫語」）や、苦沙弥先生の口語文は、かなり独創的、かつ画期的な試みだったと思います。しかし、意外にもそれは、多くの日本人から歓迎され、新しい口語文、もしくは新しい日本語のモデルになった、と本書は捉えます。

ちなみに、この小説の主人公の「吾輩」は、猫であるにもかかわらず、人間の会話が理解でき、日本語の文章を読むこともできました。ですから、苦沙弥先生の日記を覗き見して、面白がっているわけです。

以上、「文体」という切り口から、小説『吾輩は猫である』に迫ってみました。しかし、本講「理論編」第21講としては、もうひとつ、別の切り口から、この小説に迫ってみたいと考えています。その切り口とは、すなわち「視点」です。

本題に入る前に、ここで設問です。

設問㉑

『吾輩は猫である』の「九」の終わりあたりに、前後にカギカッコがついている次のようなパラグラフがあります。これを読んで、あとの問いに答えてください。

「【前略】ことによると社会はみんな気狂（きちがい）の寄り合かも知れない。気狂が集合して鎬（しのぎ）を削ってつかみ合い、いがみ合い、罵（ののし）り合い、奪い合って、その全体が団体として細胞のように崩れたり、持ち上ったり、持ち上ったり、崩れたりして暮して行くのを社会と云うのではないか知らん。その中で多少理窟がわかって、分別のある奴はかえって邪魔になるから、瘋癲院（ふうてんいん）というものを作って、ここへ押し込めて出られないようにするのではないかしらん。すると瘋癲院に幽閉されているものは普通の人で、院外にあばれているものはかえって気狂である。気狂も孤立している間はどこまでも気狂にされてしまうが、団体となって勢力が出ると、健全の人間になってしまうのかも知れない。大きな気狂が金力や威力を濫用して多くの小気狂を使役して乱暴を働いて、人から立派な男だと云われている例は少なくない。何が何だか分らなくなった」

【問】このパラグラフの説明として正しいものを、次のうちから、ひとつ選んでください。

a　主人公の猫＝「吾輩」が考えたことが記されている。

解答……b　苦沙弥先生が、猫＝「吾輩」に向ってつぶやいた言葉が記されている。
c　苦沙弥先生の心中を、猫＝「吾輩」が読んで、このように記している。
d　この小説の筆者が、苦沙弥先生の心中を、このように描写している。

c

解説……このあと説明します。

補足……新潮文庫（改版二〇〇三）の三九一ページから引用しました。ルビは、同文庫に従っています。

吾輩の読心術

【設問㉑】は、『吾輩は猫である』の愛読者であれば、容易に解答できたことでしょう。そうです、猫＝「吾輩」は、苦沙弥先生の「心」を読むことができたのです。

この点について、猫＝「吾輩」は、読者に向って、次のように説明しています。引用は、新潮文庫（改版二〇〇三）から。

吾輩は猫である。猫の癖にどうして主人の心中をかく精密に記述し得るかと疑うものがあるかも知れんが、このくらいな事は猫にとって何でもない。吾輩はこれで読心術を心得ている。いつ心得たなんて、そんな余計な事は聞かんでもいい。ともかくも心得ている。人間の膝の上へ乗って眠っているうちに、吾輩は吾輩の柔かな毛衣をそっと人間の腹にこすり付ける。すると一道の電気が起って彼の腹の中のいきさつが手にとるように吾輩の心眼に映ずる。【中略】当夜主人の頭のなかに起った以上の思想もそんな訳合(わけあい)で幸にも諸君にご報道する事が出来るように相成ったのは吾輩の大(おおい)に栄誉とするところである。〈三九二ページ〉

夏目漱石は、この小説を、猫＝「吾輩」という一人称の視点で描いています。「筆者の視点」（神の視点）を用いれば、苦沙弥先生の心中を描写することは可能です。ところが、なぜか漱石は、「猫の視点」にこだわったようです。そこで漱石は、読心術を心得た「吾輩」が、苦沙弥先生の「心」を読むという工夫で、「猫の視点」を維持したのです。

このことを最初に指摘したのは、『日本語はいかにつくられたか？』の著者・小池清治です。なお、小池清治のこの本は、第15講でも援用しています。

同書の「V　近代文体の創造　夏目漱石」の中で、小池は次のように述べます。傍線は、引用者が引きました。

「描」は無断で台所や隣家の庭に入り込んではいるが、ここまでは、人の心の内側に入り込むことを決してしなかった。しかるにここでは、いかに気楽な御主人とは言え、その心を無断で覗き見るという不作法を働く。「猫」＝「吾輩」の一人称視点で語られてきたこの「物ガタリ」が、ここで突然三人称視点（神の視点）に転換しているのである。

作中人物の心の中を覗き見るばかりか、その運命まで自在にあやつるのが作家であるという考えに馴れ親しんでいる今日の読者には見過ごされてしまいそうなところではあるが、こういうところを見逃すのは方法にこだわる作家夏目漱石に対して失礼である。〈一六九ページ〉

文中、「ここまでは」（傍線）とあるのは、「九」の終わりにいたるまでは、という意味です。小池は、漱石が、ここで突然、「三人称視点（神の視点）に転換している」と捉えました。鋭い指摘です。ただし漱石は、形の上では、読心術という「笑いをさそう新手」を使っています（「笑いをさそう新手」は小池の表現）。あくまでも「猫の視点」なのであって、「神の視点」に立ったわけではありません。ここに、漱石の苦心とユーモアがあるわけです。ちなみに、『ホトトギス』に『吾輩は猫である』の「九」が掲載されたのは、

一九〇六年（明治三九）三月のことでした。

いずれにしても、この『吾輩は猫である』という小説は、「視点」という問題を考える上で、きわめて重要な意味を持つ（きわめて重要な位置を占める）小説だと思います。

小池清治によれば、二葉亭四迷は、小説『浮雲』で、三人称視点（神の視点）を導入しようとして失敗しました（第15講参照）。これが、一八八七年（明治二〇）から翌年にかけてのことでした。それから十八年後、夏目漱石は、読心術を心得ている猫という「新手」を用いることで、三人称視点（神の視点）の導入に成功したわけです。

ちなみに、東京新聞連載の四コマ漫画『ねえ、ぴよちゃん』の主人公である猫の「又吉」は、人間の「言葉」を理解することができますが、人間の「心」を読むことはできません。このことは、連載第953回（二〇一九年一二月一〇日）で、明らかにされています。

歴史小説と歴史学

文学における「視点」という問題については、まだまだ論じなければならないことが残っていますが、この問題は、ここで切り上げ、次に、歴史小説、あるいは歴史文学における「視点」という問題について、一言、触れておきたいと思います。

歴史小説や歴史文学は、「史実」を踏まえることが多いのですが、基本的にはフィクションです。それがフィクションであるゆえんは、作者が「神の視点」に立って、歴史上の人物の「内心」に入りこみ、その人物に「内心」を語らせるところにあります。歴史学の論文の場合、これは絶対に許されません。

歴史学の論文でも、歴史上の人物が残した手記や手紙などから、歴史上の人物の「内心」を推し量ることはありえます。しかし、その人物の「内心」に入りこんではなりません。「神の視点」に立ってはなりません。いくら「ノンフィクション」と銘打っても、歴史上の人物に「内心」を語らせたとすれば、すでにそれは、「フィクション」です。「神の視点」に立った「小説」です。この本の読者の中には、歴史学の徒を目指しておられる方も多いことと思いますが、この点は、くれぐれもご留意いただきたいと思います。

第21講 まとめ

▼夏目漱石の『吾輩は猫である』は、「である体」の普及に、大きく貢献した。
▼漱石は、「猫の視点」によって、「神の視点」を代用させる試みをおこなった。
▼歴史学の分野においては、歴史上の人物の内心に立ち入ることは許されない。

第22講 短歌にとって美とは何か

吉本言語理論の核心

本講は、基礎編第7講の続編にあたります。第7講では、吉本隆明の文章を取り上げ、「難しい理論をわかりやすく説く」ことの大切さについて述べました。本講では、同じ吉本隆明の文章を足がかりに、吉本の言語理論の核心に迫ってみたいと思います。

第7講で取り上げたのは、三浦つとむ著『日本語はどういう言語か』講談社学術文庫版（一九七六）の巻末にある、吉本隆明執筆の「解説」です。本講でも、まず、この文章を読んでみたいと思います。

第7講で引用した部分に続いて、吉本は、次のように述べています。傍線は、引用者が引きました。

> わたしは、ある種の古典詩歌の作品が、単純な叙景や、叙情にもかかわらず、感銘をあたえるのはなぜか、ということにひっかかっていた。つまり、意味をたどってみれば、ほ

とんど〈ここに美しい花が咲いていますよ〉というような、単純なことしか云われていないのに、どうして感銘を与えるのか、ということが疑問でならなかった。これにたいする近世以後の理解は、声調論ばかりである。また、近世以前の理解の仕方は、〈優に〉とか〈艶に〉とかいう感想批評の批評語しかもっていない。洗練された定型の、構成的な枠組が、詩歌の作品説の価値を、枠組自体として、助けているだろうことは、わたしにもわかっていた。けれど、それだけでは、とうてい納得できなかったのである。表現された言葉は、むこう側にあるが、認識の動きは、その都度、こちら側にあるという三浦つとむの示唆は、わたしには啓示であった。これで、じっさいに作品にあたってみようと思った。【中略】わたしは、詩歌の作品の言葉を、極端にいえば、一字、一字たどり、それごとに、背後にある作者の認識の動きを、推量してみることにした。そして意外にも、わずか三十一文字といった表現がめまぐるしいほどの、認識の〈転換〉からできあがっていることに気づいた。うかつといえばうかつだが、かつて誰もそれを詩歌の本質として、指摘したものはいなかったのである。作者が、意識せずにつかっているめまぐるしい認識の〈転換〉が、詩歌の美を保証している。わたしは、これを緒口に、〈場面〉、〈撰択〉、〈転換〉、〈喩〉の順序を確定し、この四つが、現在までのところ、言葉で表現された作品の美を、成り立たせているだろうという、理論の根幹を、形成することができた。対象—認識—表現という三浦言語学の基本的な骨組みは、ある文学作品を、創造するものの側からたどり、あたうかぎり創

造の理論に近づきうる可能性を示唆していた。わたしはその道をたどった。〈二七一〜二七二ページ〉

いきなりですが、ここで演習です。

演習㉒

引用文中に、「うかつといえばうかつだが、かつて誰もそれを詩歌の本質として、指摘したものはいなかった」（傍線）という一句があります。ここでいう「それ」が指している内容を、三〇字以内で答えてください。

解答例

詩歌の美を保証しているのは「認識の転換」であるということ。（二九字）

解　説

「それ」とは〝詩歌の美を保証しているのは「認識の転換」であるということ〟を指します。吉本は、それが「詩歌の本質」だと言います。しかも、その本質は、これまで、誰も指摘してこなかったと、自信を持って断言しています。

短歌における認識の転換

第7講では、「解説」における吉本隆明の文章は、たいへんわかりやすいと述べました。そこで吉本は、難しい理論をわかりやすく説いていると強調しました。しかし、右に引用されている文章は、わかりやすいどころか、さっぱり意味が通じないではないか――そのように思われた方も多かったと思います。

そういうふうに思われるのは当然です。たしかに難解です。しかし、ここで吉本は、自分の言語理論の出発点について語っています。言い換えれば、吉本が自分の言語理論の「種明し」をしています。難解ではありますが、やはり、注目すべき一節なのです。

それにしても、詩歌の美を保証しているのは、「認識の〈転換〉」であるとは、どういう意味なのでしょうか。第7講でも述べましたが、吉本隆明は、この「解説」の前年に、『言語にとって美とはなにか』全二巻（勁草書房）を上梓しています。この「解説」は、三浦つとむの『日本語はどういう言語か』の解説ですが、それと同時に、自著『言語にとって美とはなにか』の解説という一面も持っています。『言語にとって美とはなにか』の中から、右の引用部分に対応する記述を探し出せれば、あるいは、「認識の〈転換〉」の意味するところがわかるかもしれません。

それを探し出す際のキーワードは、「三十一文字」（みそひともじ）、つまり短歌です。

対応する記述は、すぐに見つかりました。『言語にとって美とはなにか』第Ⅰ巻の六九ページ以降です。

ここで吉本は、万葉集から「見渡せば春日の野べに霞立ち咲きにほへるは桜花かも」(よみ人知らず) という一首を選び、これについて次のように解説しています。文中の**太字**は、原文の通りです。

たとえば、さきの万葉集の一首の**意味**は、三浦つとむの意味概念からいえば、〈見渡すと春日の野べに霞が立ち、咲きにおっているのは桜の花であるぞ〉という概念が言葉の客観的な関係として固定されているものをさすことになる。これはちょうど、こういう風景をただ見わたしてなぞったような無内容な短歌が、芸術といえるか、というような近代主義批評家たちの観点に一致するものとなる。このような見方をすると、古典詩はすべて幼稚な無内容なことを五・七調でならべたものにすぎなくなる。その理由は、自己表出性をまったく考慮しないで**意味**をかんがえているところからきている。

いま、一人の〈よみ人知らず〉の作者の自己表出という面を含めて、いいかえれば言語本質そのものから、この一首の**意味**をかんがえれば、「見渡せば」で、作者の視線は眼のまえをさ迷い、〈春日の野べ〉で眼のまえの風景が春日野であることを固定し、〈霞立ち〉で、その野に霞がたなびいているのを視線にやどし、そして、〈咲きにほへるは桜花かも〉で、その霞のなかに鮮やかに咲き乱れている桜の花に驚嘆している。……というような作者主体の視線と関心の移しかたの動きをもふくめて、この一首の**意味**とよぶべきであることがわかる。だから言語の**意味**をかんがえることは、指示性としての言語の客観的な関係をたどることにちがいないのだが、このように指示表出の関係をたどりながら、必然的に自己表出性をもふくめた言語構造の関係をたどることになるのである。〈七〇～七一ページ〉

「自己表出」、「指示表出」といった、難解な吉本用語が出てきます。しかし、それらに惑わされてはなりません。ここでは、「わずか三十一文字といった表現がめまぐるしいほどの、認識の〈転換〉からできあがっている」ということの意味を、「見渡すと……」という短歌に即して理解することが重要なのです。

どうでしょうか。この短歌についての吉本の解釈は、理解できましたでしょうか。あるいは、吉本のこの解釈に、納得がいきましたでしょうか。少なくとも、「解説」における説明よりは、この『言語にとって美とはなにか』の説明のほうが、具体的で、わかりやすいのではないでしょうか。

三浦つとむに対する配慮

ところで、吉本隆明が三浦つとむに対して取っているスタンスは、『言語にとって美とはなにか』第I巻と、『日本語はどういう言語か』講談社学術文庫版の「解説」とでは、かなり異なっています。前者では、先ほどの引用部分を読むかぎり、「三浦の言語理論では古典詩は解釈できない」といった、三浦つとむに対する批判的言辞が見られます。ところが後者では、そうした批判的言辞は消え、むしろ自分が、三浦言語理論から、いかに多くを学んだかを強調しているという印象があります。

もちろん、三浦の著書の「解説」である以上、それは当然とも言えます。しかし、このスタンスの変化には、三浦に対する配慮があったのではないでしょうか。つまり、『言語にとって美とはなにか』第I巻で、三浦を批判したことに対する配慮です。

特にそれを感じさせるのは、「解説」の二七三ページにある文章です。ここで吉本は、三浦が絵画や写真について言及した一節（文庫版一七ページ）を引用したあと、それについて次のようにコメントしています。傍線は、引用者が引きました。

> 絵画や写真は、できあがったあちら側をみるだけではなく、描いたり、撮影したりしたこちら側をみなければならぬ、ということを示唆している。この示唆は、拡大されうる。そして拡大することによって、創造したものの内面の暗がりを、いわば、表現された作品との統一において、きめ細かく再現することの可能性をも暗示している。この著書は、ふつう、わたしたちが、面倒さや、手段がみつからないことにさまたげられて、印象批評で

流してきた批評の領域に、はじめて理論の手がかりを与えてくれた。

「絵画や写真は、できあがったあちら側をみるだけではなく、描いたり、撮影したりしたこちら側をみなければならぬ」という三浦の示唆は、「見渡すと……」という短歌について、吉本がおこなった解釈と紙一重です。つまり、絵画や写真についての三浦の示唆を「拡大」すれば（傍線部に注意）、それが詩歌の本質についての吉本理論となるということです。

このようにして吉本は、「師」たる三浦の示唆に対し、感謝の念を表明し、同時に、三浦言語理論の示唆によって、自分が三浦言語理論を超えたことを表明したわけです。

三浦つとむの『日本語はどういう言語か』講談社学術文庫版は、その本文も有益であり、その「解説」も刺激的です。文学や言語に関心を持つ皆さんに、おすすめします。

なお、本講のタイトルを「短歌にとって美とは何か」としたのは、吉本隆明の代表作『言語にとって美とはなにか』に対する軽い皮肉です。今回、四十年ぶりぐらいに、この本を引っ張り出し、ザっと読んでみました。短歌や詩歌を論じた部分は、なかなか刺激的でしたが、それ以外の部分は、あまり感心しませんでした。特に、日本の近代文学を、「話体」と「文学体」という対概念を用いて考察しているところは、文体論としても文学論としても、的を外しているとしか思えませんでした。もちろん、わたしの理解が足りないのかもしれませんが。

第22講
まとめ

▼吉本隆明は、詩歌の美を保証しているのは認識の転換であるという説を唱えた。
▼吉本隆明の言語理論は、三浦つとむの言語理論から大きな影響を受けている。

【文章術名言集】その6

■人の考へや思ふことを音声であらはしたものを言語といひ、その言語を目に見えるやうに書きあらはすに用ゐるものを文字といひ、文字で言語を書き綴つたものを文章といふ。

山田孝雄〔1938：P1〕

■一葉も、露伴と同じく、会話は地のなかに混合してはつきりした区別をつけていない。

島方泰助〔1949：P120〕

■視点とは、作品構成における作者の観点であつて、いわばカメラにおける撮影角度である。

島方泰助〔1949：P175〕

■自分の感性そのものを吟味するとすれば、「理論的」であるほかはない。

柄谷行人〔1998：P246〕

第七部

鑑賞編

味読しつつワザを盗む

単なる名文鑑賞ではありません。
書き手の文章術をつかんで、それをわが物にするための「鑑賞編」です。
一面では、「技術編」とも言えます。

第23講 時を超えて胸を打つ文章がある

裁断橋の銘文

三十年以上前のことになりますが、『妙心寺史』というタイトルの本を手に取ったことがあります。内容などは、すっかり忘れてしまいましたが、その本に、何か短い銘文が引かれていて、その銘文が、たいへん胸を打つものだったことは、今でもよく覚えています。

その後、この銘文が、「裁断橋擬宝珠の銘文」と呼ばれる有名なものだったことに気づきました。それに気づいたのは、萩原朔太郎『日本への回帰』（白水社、一九三八）所収の「日本の女性」というエッセイ（初出、一九三七年一一月）を読んだときでした。その後、愛知県教育会編『尾三雄魂録』（正文館書店、一九四〇）という本を入手しましたが、そこにも、やはり、この銘文のことが出ていました。この『尾三雄魂録』については、のちほど触れます。

今回、この第23講を書くにあたって、かつて手にした『妙心寺史』のことが気になりました。国立国会図書館のオンラインサービスで、「妙心寺史」を検索したところ、十三件がヒットしました。このうち、『妙心寺史』というタイトルの図書は五件でした。五件のうち、インターネット上で閲覧できるものが二件ありました。『妙心寺史上巻』と『妙心寺史下巻』です。

『妙心寺史上巻』は、川上孤山著、本山妙心寺編。一九一七年（大正六）四月に、妙心寺派教務本所から刊行されています。表紙には、『妙心寺史』とあります。本のどこにも、「上巻」という言葉はありません。

『妙心寺史下巻』も、川上孤山著、本山妙心寺編です。一九二一年（大正一〇）一二月に、妙心寺派教務本所から刊行されています。表紙題箋は、『妙心寺史下巻』となっており、目次の最初に、「妙心寺史／下巻目次」とありました。

たぶん、私が手にしたのは、一九一七年刊の『妙心寺史』だったのでしょう（国立国会図書館のデータでは、同書上巻）。さっそく、これを閲覧しますと、「銘文」は、すぐに見つかりました。法制史の泰斗・三浦周行（ひろゆき）が、巻頭に置かれた序文で、これに言及した上で、その全文を引用していました。

まず、三浦の序文を引いてみましょう。ルビは引用者が振ったものです。

『妙心寺史』を読みて

是月（しげつ）の初、妙心寺塔頭（たっちゅう）春光院の川上孤山師が我（わが）国史研究室に見えて、其近業『妙心寺史』

の序文を求められた時、他人の著書に序を書かぬことにきめて居る私も、此書に限つて断り兼ねたのである。新年早々、私は公務を帯びて東京へ参つて居たが、一日、大学前の古本屋に立寄つて、一とわたり書架を見わたした後、軸物の四五幅ばかり片隅に取片付けられてあつた中から、名古屋の考古家奥田抱生手拓の熱田裁断橋欄干擬宝珠の銘の拓本を見出して、さながら電気に打たれたやうの気がした。調べてみると、天正十八年、堀尾金助の母が、当時十八歳の金助を小田原陣にたゝせた侭、永久の生別になつた悲しさに、其三十三回忌に当る元和八年に、みづから此橋を架けて、漢文の銘と共に擬宝珠に彫附けたものであつた。

天正一八年は、西暦でいうと、一五九〇年です。元和八年は、一六二二年です。天正一八年を含めて、三十三年目にあたる年です。

さて、右のように述べたあと三浦は、その銘文を引用しています。ところが、残念なことに、三浦が引用する銘文には、ふた文字ほど欠けている箇所がありました。そこで、ここでは、『尾三雄魂録』の六一ページにあるものを紹介したいと思います。

てんしやう十八ねん二月十八日に、をだはらへの御ぢん、ほりをきん助と申十八になりたる子をたたせてより、又ふためとも見ざるかなしさのあまりに、いま此はしをかける事、

> ははの身にはらくるいともなり、そくしんしやうぶつし給へ、いつがんせいしゆんと、後のよの又のちまて、此かきつけを見る人は、念仏申給へや、卅三年のくやう也。

若干、注釈します。「らくるい」は落涙、「そくしんしやうぶつ」は即身成仏、「いつがんせいしゆん」は逸巌世俊で、これは金助の法名（戒名）です。「くやう」は供養です。ひらがなばかりで、読みにくい文章ですが、最愛の息子を失った母の悲しみは、十分に伝わってきます。その悲しみは、三十三年の日月が経過しても、なお癒えなかったようです。母は、道行く人たちに向って、「即身成仏し給へ、逸巌世俊」と念仏してもらいたいと、呼びかけています。母のその気持ちは、時を超え時代を超えて、私たちの胸を打ちます。

堀尾金助と妙心寺

三浦周行の「『妙心寺史』を読みて」の紹介に戻ります。三浦は、金助の母による銘文を引用したあと、次のように書きます。ルビは引用者が振りました。

> これを読むもの、誰しも同情の涙をそゝられぬものはなからう。此母の夫は後に私の生れ故郷の出雲に封ぜられて、松江城を築いた堀尾帯刀（たてわき）吉晴其人で、金助は彼れ夫妻に取つて最愛の嫡子であつた丈（だけ）、私は人一倍感慨に堪へない。それに今孤山師の住（すま）はれる春光院

はもと吉晴が金助の菩提の為めに建立して其法名の逸巌世俊の二字を取つて俊巌院と号したところであり、現にうら若き金助の生けるが如き木像をさへ祭られて居るではないか。東京から帰つたばかりで、未だ其印象の消えやらぬ折も折、偶然にも私が孤山師の訪問を受けたのは、これも何かの因縁かと思はれてならぬ。

これによって、堀尾金助が、のちの松江城主・堀尾吉晴の嫡子であったこと、妙心寺春光院が、金助の菩提のために、吉晴によって建立されたことがわかります。ふだん、「他人の著書に序を書かぬことにきめて居る」三浦周行が、この『妙心寺史』に限って、このように序文を寄せていることにも、納得がいきます。

女学生が書いた「堀尾金助の母」

先ほど紹介した銘文は、『尾三雄魂録』から引いたものでした。この本には、「尾三（びさん）」（尾張・三河）出身の英雄偉人についての論考十五編が収められています。銘文は、そのうちの一編「堀尾金助の母」の中で紹介されています。

「堀尾金助の母」の筆者は、「愛知県第一女学校高等科第二学年」の長谷川正さんです。「正」は、たぶん、「まさ」と読むのでしょう。なお、「愛知県第一女学校高等科」というのは、おそらく、「愛知県第一高等女学校」のことだと思います。だとすれば、これは、今日の愛知県立明和高等学校の前身にあたります。

長谷川さんの論考は、十八ページに及ぶ力作です。長谷川さんは、論考の最後のほうで、先ほどの形で、銘文を紹介・引用しています。長谷川さんによれば、擬宝珠は、裁断橋の四隅にあって、そのうち三つには漢文の銘文が記され、西南のひとつに国文が記されているそうです。また長谷川さんは、この銘文は、「恐らく夫人自らの作と思はれる」と述べています。

長谷川さんの論考は、次のように締め括られています。

……古来、金石の銘文は多くあるが、これ程直截に母の子に対する深い濃やかな慈愛が盛られてゐるものは、恐らく他に多くは見ないであらう。そこに滲み出てゐる汲めども尽きぬ真情は読む人をして感激させ、夫人の母としての慈愛に頭(こうべ)を垂れさせずには措かないであらう。

此橋は其後屡々(しばしば)架換(かけ)へられ、大正十五年には精進川(しょうじんがわ)も改修せられて了(しま)つたけれども、其の四つの唐銅(からかね)の擬宝珠のみは今尚原位置熱田区伝馬町(てんまちょう)に保存せられ、我が尾張の生んだ一女性の珠玉に等しい母性愛を道行く人に物語つてゐる。

三浦周行の序文は、含蓄のある名文でしたが、この長谷川正さんの論考も、余韻の残る

名文だと思いました。

その余韻をぶちこわすようで恐縮ですが、ここで設問をひとつ。

設問㉓

『尾三雄魂録』の六一ページにある「裁断橋擬宝珠の銘」（本書二一〇ページ以下に引用）は、原文を、かなり忠実な形で、活字に起しています。しかし、原文そのままではありません。次のa〜eは、原文とそれを活字に起したものと違いについて、まとめたものです。ひとつだけ、正しくないものが含まれていますので、それを答えてください。

a　原文には句読点がないが、活字に起したものには句読点がある。
b　原文のひらがなには濁点がないが、活字に起したものには濁点がある。
c　原文は「変体がな」を用いているが、活字に起したものは用いていない。
d　原文では漢字なのに、活字に起す際、ひらがなにしているところがある。
e　原文ではひらがななのに、活字に起す際、漢字にしているところがある。

解答……d

解説……a・b・cは、その通りです。いずれも、読者が意味を取りやすいように、という配慮によって、なされたものです。eもその通りです。活字に起したものでは「いま此はしをかける事」となっていますが、原文では、「いまこのはしをかける事」となっています。
しかし、dに相当する改変は、おこなわれていません。

補足

このほか、細かいことを言えば、原文で、「たゝせてより」、「はゝの身には」となっているところが、活字では、それぞれ、「たたせてより」「ははの身には」となっています。なお、この設問を作るにあたっては、裁断橋擬宝珠の銘文（国文）の拓本（インターネット上で閲覧）を参照しました。参考までに、その拓本に従って、同名文を、なるべく原文に近い形で再現してみましょう。ただし、いわゆる「変体がな」は、一般的なひらがなに直してあります。改行は、原文の通りです。

てんしやう十八ねん二月
十八日にをたはらへの
御ちんほりをきん助と
申十八になりたる子を
たゝせてより又ふため
とも見さるかなしさの
あまりにいまこのはし

をかける事はゝの
身にはらくるいと
もなりそくしんしやう
ふつし給へ
いつかんせいしゆんと後
のよの又のちまて此
かきつけを見る人は
念仏申給へや卅三
年のくやう也

尾三雄魂録
愛知縣教育會編

第23講 まとめ

▼本当の名文は、時代を超えて人々の胸を打つ。
▼古い時代に書かれた文章を活字化することは、かなり難しい作業である。

第24講 小野武夫のエッセイを楽しむ

小野武夫の『村の辻を往く』

小野武夫といえば、『日本村落史考』(刀江書院、一九二六)などの著作で知られる農民史・農政史の大家です(一八八三〜一九四九)。

わたしは以前から、小野武夫の『日本農民史語彙』(改造社、一九二六)を愛読書としており、ときどき書架から出しては拾い読みをしています。これは典型的な「読める辞書」だと思います。

小野武夫は、なかなかの文章家です。そのことに気づいたのは、比較的、最近のことです。『村の辻を往く』(民友社、一九二六)というエッセイ集を入手し、そこに収められているエッセイを味読してからです。

次に紹介するのは、同書に収められている「冷遇せらるる土の物」というエッセイです。小野の言う「土の物」とは、広く「土から生まれたもの」の意味ですが、このエッセイでは、もっぱら、ワラ(藁)という「土の物」について論じています。

小野によれば、ちかごろは、ワラが冷遇されるようになっています。それまで、ワラを大切にしてきた百姓も、ちかごろは「藁の製品に背を向けている」と、小野は嘆いています。

それほど長いエッセイではありませんが、半分ぐらいの長さに縮めて紹介してみます。楽しく読んでいただきたかったので、表記を現代風に直しました。かなづかいを現代のものに変え、「居る」「其の」「近頃」などの表記を、ひらがなに直しています。ルビは引用者が振ったものです。

冷遇せらるる土の物

村の百姓が土から生れた物を食ったり、使ったりしている間こそ家の経済も順調に進むが、土の産物が冷やかに扱はるるようになると、その暮し向きが左前(ひだりまえ)になる。村の土にできた物の中で、藁の手細工品がちかごろめっきり百姓にかわいがられなくなった事は著しい。以前には小学校の生徒が通学するにも、大概は家の祖父や父の作った藁草履を穿(は)いて行ったものであるが、このごろでは藁草履はよほどのことでないと穿かなくなり、その代りに店売りの竹の皮草履とかゴム靴とか、ごくハイカラな人になると、「ズック」の靴を穿かせて通わせている。【中略】小学校の子供が藁草履を用ひぬと同じように、村の大人までが、ちかごろ藁の製品に背を向けている。以前は村の百姓が野良(のら)仕事に行く時の履物は、跣足(はだし)

でない限りは大概草履か、角結びの足なか草履であったのであるが、このごろでは「ゴム」裏の紺足袋が用いられ出して、足の方ばかり見ると、東京の丸ノ内の石畳の上を走る人力車夫ソッチのけである。

　藁が百姓に嫌わるる今一つの例は落し藁の話である。落し藁とは尻拭き藁のことである。以前は百姓の尻を拭く品草は藁の袴であった。もっともところによっては竹の篦で撫でたり、小石で拭いたり、荒縄で擦ったりする地方もあったというが、私の見聞の届く限りでは、藁と草の外には無い。私達の子供の時には厠の入口に藁を括ってぶら下げたり、または崩れた籠の中に藁の袴を入れて、それを使わせたものである。それとは知らずにふいと厠の前に行って藁に手が触れると、厠の中でも「がしゃがしゃ」と藁を揉む音がする。その音を聞いて外の藁持ちが「ははあ誰か中にいるな」と感づいてしばらく遠慮する。すなわち藁の揉み音が厠の内と外との合図で、都会の便所の「ノック」に代るのである。

　ところがこのごろでは藁の使用がだんだん減って、その代りに新聞紙とか、雑誌とかが、どしどし壺の中に投げ込まるる。昔、弘法大師は文字を書いた紙で尻を拭けば眼が潰れると教えて、文献保存の一端をこの方面にも向けたとのことであるが、今代の若人たちは、毎日何千の文字を糞汁の中に投じて怪しまぬ。【後略】

極力、現代風に直してみましたが、それでもやはり、読みにくい文章だったかもしれません。文章に対してというよりは、その内容に「時代」を感じたという方もおられたと思います。紹介した者としては、もちろん、それを狙った次第です。

さて、ここで設問です。設問は、三つの小問に分かれています。

設問㉔

次の三つの小問に答えてください。

小問1　文中に、「ゴム裏の紺足袋（こんたび）」という言葉がありますが（傍線）、これは、今日では一般に、何と呼ばれているものでしょうか。

小問2　文中に、「藁の袴」という言葉がありますが（傍線）、この意味として適切なものを、次のうちから選んでください。

a　ワラの茎の部分　　b　ワラの茎を覆っている表皮　　c　ワラの先端部分

小問3　文中に、「壺」という言葉があります（傍線）。このままではわかりにくいので、同じ意味をあらわす別の言葉（漢字二字）に言い換えてください。

小問1解答

地下足袋（じかたび）

解　説

『広辞苑 第7版』では、「丈夫な布と厚いゴム底から成る主として労働用のはだしたび」と説明されています。小野のエッセイが書かれた当時は、銀座の人力車夫が履いているシャレた履物だったようですが、すでに農村でも、これを履いて野良仕事に出る農民があらわれていたことがわかります。ウィキペディア「地下足袋」によれば、「貼付式ゴム底足袋」は、日本足袋株式会社の石橋徳次郎が発明したものです（一九二三年一〇月、実用新案登録）。なお、株式会社ブリヂストンは、石橋徳次郎の弟・石橋正二郎が創業した会社です。地下足袋製造によって得たゴム関係のノウハウを、タイヤ製造に活かしたわけです。

小問2解答

b

解説

「ワラのハカマ」とは、稲藁（いなわら）の茎を覆っている表皮のことです。ワラ細工などに用いるのは茎の部分で、ハカマは取り除きます。このハカマを取り除くことを「ワラをすぐる」と言います。東京・多摩地方では、「ワラをつぐる」と訛ることがあります。いずれにしましても、尻をふく場合の「ワラ」は、ワラの「ハカマ」の部分である（であった）ことに注意しましょう。

小問3解答

便壺（べんつぼ）

便所で「壺」と言えば、やはり「便壺」ということになります。『広辞苑 第7版』では、「汲み取り式の便所、大小便を溜めておく容器」と説明されています。大小便を溜めておくのは、農業用の肥料として利用するためです。今日、この便壺の実物を見る機会は、あまりないと思いますが、昭和三〇年代までは、家の新築工事の際に、陶製の便壺が据えられる場面を目撃することがありました。

小問1～小問3補足

若い年代の読者にとっては、これらの小問に答えることは難しかったと思います。しかし、こうした小問に答えられるような「予備知識」を持っているかいないかによって、このエッセイに対する読み取り方、味わい方は、まったく別のものになってくるでしょう。そうしたことも考えて、この小問を作ってみました。

なお、ここで問われているような「予備知識」は、辞書やインターネットなどで調べられないわけではありません。しかし、重要なのは、みずからの体験、身のまわりの年長者から聞いた話、何かの本で読んだ知識などです。特に重要なのは、みずからの体験、そして身のまわりの年長者から聞いた話＝耳学問でしょう。

日ごろから、こうした「情報」を大切にしていますと、その姿勢は必ず、文章の読解や鑑賞に活きてきます。もちろん、あなた自身が文章を綴る側に回ったときにも活きてくるのです。

歴史民俗学的な視点

『村の辻を往く』が刊行されたのは、一九二六年（大正一五）二月、つまり大正の末年です。同書の「序」によりますと、ここに収められているエッセイは、それに先立って、『国民新聞』に連載されたものです。「冷遇せらるる土の物」の初出は確認していませんが、大正の中期あるいは末期と思われます。

小野武夫のエッセイは、『国民新聞』の読者から歓迎されたもようです。同じく「序」によりますと、国民新聞社の「田中経済部長」が小野の自宅を訪れて、「これを単行本として出版せよとの読者の要求」を伝えたそうです。

小野のエッセイを「鑑賞編」で紹介したのは、もちろん、それが鑑賞に値すると思ったからです。このエッセイは、完成された「である体」で書かれています。「学者」が書いた文章としては、用語や表現が平易です。意図してかどうかは不明ですが、あまり接続詞が使われていません。引用した範囲では、「もっとも」と「ところが」が、一度ずつ使われているだけです。引用しなかった部分も見てみましたが、このあと、「さらにまた」が、一度、使われているだけです。

文章以上に、注目していただきたいのは、その内容です。都会でも農村でも、「土の物」が冷遇されてきていると指摘し、そうした変化の実態を、リアルに、かつ具体的に描写しています。こうした「習俗」の変化は、言われなければ、なかなか気づかないものです。小野は、そうした変化を見逃さない観察力、そうした変化を忘れない記憶力、そうした変化を描写できる文章力の持ち主でした。そこには、歴史民俗学的な視点があり、歴史民俗学的な発想があります。

引用した部分に関しては、「私達の子供の時」の「落し藁」＝「尻拭き藁」の話が、特に貴重だと思います。「藁の揉み音」の話です。下ネタの割には、文章が上品です。

小野武夫は、大分県大野郡百枝(ももえだ)村（現・豊後大野市）で生まれました。小野の少年時代を過ごしたのは明治中期です。明治中期の大分の農村では、「藁の揉み音」が「ノック」の代りになっていたという民俗事象は、小野がここに、こうして書きとめておいてくれなければ、永遠に忘れられてしまったかもしれません。鑑賞に値するエッセイと考えたゆえんです。

第24講 まとめ

▼文章を読む際にも、文章を綴る際にも、体験や耳学問を大切にしたい。
▼いずれ忘れさられる事象や心意を記録しておくことには大きな意味がある。
▼学者や研究者でも、また文章の初心者でも、貴重な文章を残すことができる。

第25講 悪口の達人・河上肇

文章家としての河上肇

河上肇（はじめ）というマルクス経済学者がいます（一八七九〜一九四六）。「文章家」として知られています。

河上肇は、敗戦直後の一九四六年（昭和二一）一月三〇日に亡くなっています。その年の一〇月二五日に、『思ひ出』という本が出版されました。「発行所」は、日本民主主義文化連盟で、「発兌（はつだ）」は月曜書房です。本の冒頭に、河上自身の「序」があって、その末尾には、「昭和二十年十二月二十一日記」とあります。

河上は、その「序」で、「思ひ出は余が過去数年間に書き留めおきし旧稿の題名にて、断片の部、自伝の部、獄中記の三部より成る一種の随筆集なり。」と述べています。しかし、実際に刊行された本は、三部構成をとっておらず、十四篇の文章が並んでいるだけです。河上が、この本の編集に関与していたのかどうか、どこまで関与していたかなどは、よくわかりません。いずれにしても河上は、この本の刊行を見ることなく亡くなっています。

恩師について語る

本の最後に置かれているのは、「教師としての自画像」という一篇です。その中で河上は、大学時代の恩師・松崎蔵之助(くらのすけ)について回想しています。これが、なかなかの「名文」です。以下に、その一節を引いてみましょう。かなづかいは、現代のものに直しました。ルビは、引用者によるものです。

私が東京の帝大を卒業して大学院に籍を置いていた頃、専ら世話になったのは、松崎蔵之助という先生であった。とくに故人となられたこの恩師に対し、不幸にも私はあまり好い思い出をもっていない。

そのころ先生は小石川に立派な邸宅を買って引越された。それは大学教授に不似合なほど宏壮な屋敷であり、学者としての生活にはすこぶる不便にできた構えの家であった。門を入ると、右手には白壁の庫が見え、正面は内玄関で、左手が正玄関になっていた。玄関を入るとそこは狭い西洋間で、元来は来客の待合室に造られたものらしいが、壁には岳飛の石摺を掛け、冬はストーヴがたいてあり、先生は大概そこを学生たちとの面会所に充てておられた。西洋間を通り抜けると、長い縁側が折れ曲っていて、そこには広いふた間つづきの日本座敷があった。それが本来の応接間なのである。この応接間は広々とした立派な庭にしていた。そこはちょうど小石川の高台が江戸川に向って急斜面を成している処なので、庭に臨んだ座敷はひどく高いもののように感じられた。庭には池があり、松があり、石灯篭があり、鶴の置物などがあった。ところで先生の書斎は、この表座敷へ通る廊下に沿うた、薄暗い納戸風の、四畳半ひと間に過ぎなかった。そして図書類は、すべて、遠く離れた玄関右手の庫の二階に片付けられた。畢竟この家は、書斎の必要を感じない人が造ったものなのである。

先生がここへ引越されてから間もなく、私は庫の二階で書物の整理を手伝った。朝から手伝っていた私は、昼の食事時になると、玄関の応接間で、一皿のにぎりずしを給され、先生は家族と奥で食事された。その時私の手は、朝から書物をいじっていたので、ごみ臭くなっていたが、その手を洗うことができなかったのを、今でもよく覚えている。仕事が済んで帰る時に、先生は私にドイツ語のごく薄いパンフレットを一冊呉れられた。内容は甚だつまらないもので、とうとう読みもしなかったが、先生に貰った本だというので、私は長い間それを棄てずにいた。ことによると、京都に預けてある図書類の中に、まだそれが残っているかも知れない。

私はよく先生に葉書で呼び出された。そして、先生の代筆を仰せつかった。ある時は大体の趣旨を口授され、ある時は講演の速記を渡されたこともあるが、話の筋が通らない場合が多いので、私は話の筋を通すのに骨折った。ある時は題目だけ授けられて、全部私が論文の代作をしたこともあり、それらは殆ど一字の訂正もなしに、先生の名で印刷に付せられていた。当時私は結婚したてで、どうかすると妻が風呂銭にも困るようなことのあった時代だが、私はもちろん先生から三文でも原稿料のおこぼれを頂いたことはない。〈三〇三～三〇五ページ〉

最初に河上は、この恩師に「あまり好い思い出をもっていない」と、ハッキリ言い切っています。そのあと、その理由を述べていくわけです。引用した部分だけ読みますと、この松崎蔵之助という先生は、意地の悪い人だったように思えます。

しかし河上は、この松崎先生から、農科大学実科講師、専修学校講師などの就職口を世話してもらっています。河上は引用した部分のすぐあとに、そのことを書きとめています。松崎先生から「恩恵」を受けたことは、河上も十分に認めているのです。にもかかわらず河上は、この恩師に「好い思い出をもっていない」と言い切っています。
さて、ここで演習です。

演習㉕

河上肇は恩師である松崎蔵之助について、「あまり好い思い出をもっていない」と言っています。その最大の理由は何だったのでしょうか。右に引用した文章を手がかりにして、その理由を考えてください。

解答例

学者として尊敬できなかったから。

解説

河上は、松崎蔵之助の学問的力量、学問的な業績などについて、ひとことも触れていません。しかし、先生の家が「学者としての生活にはすこぶる不便にできた構えの家であった」こと、先生の書斎が「四畳半ひと間に過ぎなかった」こと、河上が代作した論文を「一字の訂正もなしに、先生の名で」印刷に付したことなどの例を挙げながら、この先生が、学者としては凡庸であったことを伝えようとしています。松崎先生に対する河上の評価が低い理由として、第一に挙げるべきは、松崎先生が、学者として尊敬できるような人物でなかったということだと言えるでしょう。

鑑賞のポイント

河上肇は、この文章で、松崎先生の風貌に触れることなく、その発言を引くことなく、その学問についても直接、論評はしていません。にもかかわらず、この文章を読みますと、松崎先生がどんな人物だったのか伝わってきます。

特に、この文章で注目すべきは、松崎先生の邸宅の描写です。その「宏壮な屋敷」を細かく描写することによって、この大学教師の凡庸さを印象づけようとしています。そして、その試みは、見事に成功しています。

河上肇という人は、おそらく好悪の感情が激しい人だったのでしょう。同時に、きわめて理智的な人だったのでしょう。そうした彼の人柄が、こうした文章を生みだしたのです。きわめて主観的で一面的な文章のようですが、妙に説得力があります。恩師に対して明らかに礼を欠いている文章ですが、あまりそれを感じさせない品の良さがあります。「名文」たるゆえんです。もちろん、かなりクセのある「名文」ですが。

なお、河上の恩師・松崎蔵之助は、経済学者・財政学者で、多くの著書があります（一八六六〜一九一九）。彼は、民俗学者の柳田國男（一八七五〜一九六二）の恩師でもありました。学者としての松崎蔵之助、あるいは松崎蔵之助と柳田國男の関係については、岩本由輝著『論争する柳田國男』（御茶の水書房、一九八五）の三七ページ以降に、興味深い記述があります。

第25講 まとめ

▼学者に対する評価は、何よりも、その学問的業績によってなされるべきである。
▼相手の人格を傷つけない、品の良い悪口というものがある。

【文章術名言集】 その7

■私は、文章に実用的と芸術的との区別はないと思ひます。 谷崎潤一郎〔1960：P6〕
■昔の人は小説を味わうと言えば、まず文章を味わったのであります。 三島由紀夫〔2018：P43〕
■すべての文章読本は他の文章読本の批評になっている。 斎藤美奈子〔2007：P9〕

第八部 推敲編

気になる文章に手を入れる

読者の視点、研究者の視点、編集者の視点、校正者の視点に立って、気になる文章に手を入れます。たとえ、その書き手が「大家」であったとしても、手加減はしません。

第26講 編集者の文章を添削する

長尾和郎、河上肇を訪ねる

長尾和郎（かずお）という編集者・ジャーナリストがいます。一九四五年（昭和二〇）一一月に、『新生』という雑誌（新生社）を創刊し、編集したことで知られています。一九一七年（大正六年）生まれで、没年は不詳です。

その長尾和郎に、『戦争屋』（妙義出版、一九五五）という著書があります。その本の中で長尾は、終戦の年、京都に赴き、マルクス経済学者の河上肇（第25講参照）を訪ねたときのことを回想しています。引用してみましょう。ルビ、傍線は引用者がつけました。

私と学生が立ち話していると、六十になろうという老婆が横から「河上先生のお宅はこちらです」と、私に話かけてきた。道々、老婆は河上肇の近況を語ってくれた。いまは病気で床（とこ）についていること、戦争中は配給にもこと欠く始末で、近所の人たちが野菜や魚をわけ合って、河上肇にお届けしたことなど、老婆は涙ぐみながら語るのであった。

私は老婆のいう通り、すぐ附近に縁づいている河上肇の一人娘のよし子夫人を訪うた。よし子夫人は、私の訪問を非常によろこばれ、東京の新聞・雑誌社から父を訪ねたのは、私がいのいちばんで、父も非常によろこぶことでしょうと、ていねいなあいさつであった。だが、父は二・三日前、大毎記者と会ってからひどく興奮して床につくようになったので、明日わたくしがご案内するからおいでくださいとの言葉だった。

翌日よし子夫人は、近くにある河上先生のところへ、私を案内してくれた。長屋みたいな家の造りで、下は六畳、三畳くらいの貧しい家で、河上肇は二階の四畳半くらいの部屋で床についていた。奥さんからの注意で、面会は二、三十分にかぎられていたが、河上肇は眼をつぶったまま、よくきてくれた、感謝しますと、一言いって黙ってしまわれた。私は原稿依頼の一言も吐かないうちに、涙がこみあげてきてならなかった。出獄した徳田球一や志賀義雄の感激、河上肇も同様なのであろう。ながいながいたたかいであった。私は河上肇の顔をしげしげとみているだけで、胸つまる思いだった。初対面の私でも、河上肇は心よく迎えてくれただけでも、私は満足だった。「先生、お回復をいのります」ただ一言いって、とめどもなくながれる涙をおさえて、そこを辞したのである。〈一二三～一二四ページ〉

文中、「河上肇の一人娘のよし子夫人」とありますが、ここは、「河上肇の次女の芳子」

とあるべきところです。芳子は、河上肇の義弟・大塚有章（一八九七〜一九七六）と結婚しましたが、一九四九年（昭和二四）に亡くなっています。また、「大毎」というのは、大阪毎日新聞の略称です。

この文章は、敗戦直後の河上肇の風貌を伝える貴重な記録です。しかし、惜しいことに、文章がよくありません。特に、気になるのが、傍線を引いた部分です。さて、ここで演習です。

演習㉖

傍線を引いた、「初対面の私でも、河上肇は心よく迎えてくれただけでも、私は満足だった。」という箇所は、「でも」が二回続いており、推敲の余地があります。あなたなら、どう直しますか。

解答例

「初対面の私を河上肇が心よく迎えてくれたことだけでも、私は満足だった。」

解説

文章を読んでいて、引っかかるところがあった場合は、そのまま読み進めずに、その文章のどこに問題があるのかを見極めるとよいでしょう。そういうふうに、他人の文章を批判的に読むクセをつけますと、自分が文章を書くときも、自分の文章の欠点を容易にチェックできるようになります。

補足

長尾和郎は、河上肇の自宅を探していて、「六十になろうという老婆」に出会い、その助言に従って、まず河上肇の次女・芳子を訪ねています。この親切な女性に対して、「老婆」という呼称は、あまりにも無神経です。本来であれば、ご本人あるいは芳子から、その女性の名前を聞いておいて、文章中にそのお名前を記しておく（実名あるいはイニシャルで）のが礼儀というものでしょう。

編集者は「文章」のプロであり、他人の文章をチェックする機会も多いはずです。しかし、そうした編集者でも、自分が書く文章に関しては、なぜか、チェックが甘くなることがあるようです。編集者に限らず、「文章」にかかわる仕事をしている者は、自戒が必要です。文筆家の末席に座しているわたしですが、この点については、常に自戒を忘れないようにしているつもりです。

第26講 まとめ

▼他人の文章を批判的に読むことも、文章修行のひとつである。

▼自分の文章に対しては、他人の文章に対する以上に厳しく臨む必要がある。

第27講 学者の悪文を判読する

芳賀登の新刊書を買う

芳賀登（はがのぼる）という日本史学者がいました（一九二六〜二〇一二）。大阪教育大学教授、筑波大学教授などを経て、筑波大学名誉教授。五十冊以上の著書があり、そのほかに『芳賀登著作集』（全八巻プラス別巻）が、雄山閣出版から刊行されています。

晩年の著作のひとつに、『柳田國男と平田篤胤』（皓星社、一九九七年一〇月）がありました。刊行されて間もないころ、わたしは、新宿の新刊書店でこれを見つけ、購入しました。そのタイトルに惹かれたからです。定価三五〇〇円、消費税を加えて三六七五円でした（当時の消費税は五％）。

ところが、この投資は失敗でした。なんど読んでも、内容がつかめないのです。その当時は、自分の基礎知識や読解力に問題があるのだろうと思っていました。しかし、つい最近、再び、この本を手にして、本そのものに欠陥があることに気づきました。コンセプトが明確でなく、本としてのまとまりがありません。そうした欠陥の最大の理由は、安易な

「企画」にあったのだろう、と考えました。

まず、本書の「序論にかえて」を読んでみましょう。ルビは引用者によるものです。

考えてみれば、私は数多くの柳田國男に関するものも書いて来た。またそれ以上に平田篤胤に関するものも書いて来たが、両者共に私の数多い著述の中でも、直接主題として扱ったものは全くない。

これも生来の関心のうつり易い人間であることと共に、ライフワークとしてなし来(きた)ったものについては、いつかまとめる機会を持ちたいという先送りの考え方が内在して、まとめる機会をつくらなかったことによる。

本(一九九七)年三月末で東京家政学院大学教授を退官するに至り、七十歳の定年もすぎた。その上に本年十月には日本民俗学会年会を、東京家政学院大学で開催するという。そこで私は本書の題目のごとき演題で講演することとなった。ことここに至って、よい機会到来と考えて、今までかきちらしたものを、一本にまとめて、その責(せめ)をふさぎたいと考えるに至った。

もちろんまとめるに当って考えるべきことは多いと考えるが、機会をつかむか、それを見逃すかを考えるとき、ここでつかもうとすることの方がよいとの判断に達し、思案の末急遽まとめることとした。

期待はずれの内容

これによれば、芳賀登は、一九九七年一〇月に東京家政学院大学で開催される日本民俗学会の「年会」で、「柳田國男と平田篤胤」と題する演題で講演をおこなうことになりました。そして、その講演をにらんで、急遽、この本『柳田國男と平田篤胤』をまとめようと決意したようです。

ところが芳賀は、本人も認めるように、これまでに柳田國男あるいは平田篤胤を主題として扱った著述を世に問うていません。しかも、「柳田國男と平田篤胤」という大きなテーマの研究を、ライフワークとして続けてきたわけでもありません。にもかかわらず、「よい機会到来と考えて、今までかきちらしたものを、一本にまとめ」ようと考えたというのです。「機会をつかむか、それを見逃すか」で迷うのは結構です。しかし、それ以上に悩まなければならなかったのは、世に問うべき本が書けるかどうか、これまでの研究生活を総括するような本が書けるかどうか、ということではなかったのでしょうか。

「よい機会到来と考えて、今までかきちらしたものを、一本にまとめ」ようというのは、あまりに安易です。そのような動機によって作られた本が、学問的に意義のある研究書になるはずはありません。この本は、タイトルや体裁こそ立派ですが、そのタイトルや体裁には、中身が伴っていません。

文章に問題がある

この本で問題なのは、中身だけではありません。中身以上に問題なのは、「文章」です。特に、最終章である「第十一章　むすびにかえて」の文章に、問題があります。次に、同章の文章を、少し引いてみましょう。傍線は、あとの設問のために、引用者が引いたものです。

柳田國男は自ら新国学を求め『民間伝承論』等をかき、日本民俗学の成立につとめた。その中で彼は、本居宣長の古学の方法に学ぶことをつねに念頭においていることを語っているが、平田篤胤に学ぶがごとき言説はあまり多くない。

そのくせ、柳田國男は単なる学問のための学問をめざしていない。神道にささえられた学問の信仰の問を求めている。つねに祖先崇拝とのかかわりをつねに頭の中に入れていたのである。

柳田國男はその意味で平田学に近づいていたのである。そのことを考えるとき、平田篤胤の著書よりの引用の多いことから、柳田と平田の関係を論じたわけでないことが、本書の構成と叙述の中からわかっていただけるものと信ずる。

数多くの論者が、いろいろな視点に立って迫っているが、その中から何をうけとめるか

――こそ、自分自身の学問であると考えたい。

何が言いたいのか、よくわからない文章です。「その中で」「そのくせ」「その意味で」「そのことを」「その中から」といった言葉が続きますが、それぞれの「その」が、何を意味しているのか明瞭でありません。センテンスとセンテンスの論理的なつながりも、理解しがたいところがあります。典型的な「悪文」と言ってよいでしょう。

さて、ここで設問と演習です。

設問㉗

次の三つの小問に答えてください。

小問1 「その中で彼は」とありますが（傍線）、「その」が指すものは何でしょうか。次のうちから、適切なものをひとつ選んでください。

a 新国学　b 『民間伝承論』等　c 日本民俗学　d 自身の学問生活

小問2 「神道にささえられた学問の信仰の問」とありますが（傍線）、この言葉を、わかりやすく言い換えてください。

小問3 「祖先崇拝とのかかわり」とありますが（傍線）、柳田國男が、「祖先崇拝とのかかわり」を意識していたものは、何だったのでしょうか。次のうちから、適切なものを選んでください。

a 柳田國男自身の学問　b 神道　c 信仰　d その他

小問1解答……d

小問1解説……「その中で」というのは、実にアイマイな表現です。本文中には、これに対応する言葉は見出せません。あえて言い換えれば、「そうした自身の学問生活の中で」ということになるでしょう。

小問2解答例……神道にささえられた自身の学問から発せられる、信仰というものに対する問い

小問2解説……自分で問題を作っておきながら、解答に窮しました。あくまで解答例です。

小問3解答……a

小問3解説……これも解答に窮しました。とりあえず、aを正解としておきます。

演習㉗

先ほど引用した文章のうち、後半二段落分を、再度、掲げます。ここで、筆者が言わんとしたことを読み取り、わかりやすく書き直してください。

柳田國男はその意味で平田学に近づいていたのである。そのことを考えるとき、平田篤胤の著書よりの引用の多いことから、柳田と平田の関係を論じたわけでないことが、本書の構成と叙述の中からわかっていただけるものと信ずる。

数多くの論者が、いろいろな視点に立って迫っているが、その中から何をうけとめるかこそ、自分自身の学問であると考えたい。

解答例

柳田國男の学問は、神道にささえられた学問であった。柳田國男はその意味では平田学に近づいていたのである。本書は、平田篤胤の著書からの引用が多い。しかし、そのことによって、柳田國男と平田篤胤の関係を強調しようとしたわけではない。そのことは、本書の構成によって、あるいは各章の叙述によって、わかっていただけるものと信ずる。

これまで、多くの論者が、それぞれの視点に立って、「柳田國男と平田篤胤」というテーマに迫ってきた。しかし、それらさまざまな研究の中から、何をどのように受けとめるかは、結局、その本人の学問の問題であると考えたい。〔本書で私が示した視点や見解についても、読者それぞれが、それぞれの立場から、批判的に受けとめていただければ幸いである。〕

芳賀登『柳田國男と平田篤胤』の問題点として、本としてのまとまりが悪いことが挙げられます。しかし、それ以上に問題なのは、文章の推敲が甘いところでしょう。前者については、本を手に取っていただかないと、確認できませんが、後者については、右の設問および演習によって、ある程度、確認できるのではないでしょうか。

この推敲の甘さを、芳賀は自覚しています。「大急ぎの作業だったので、行間不十分の叙述の多いことは、著者の自覚するところである。」と、同書の最後のページで述べています（三五四ページ）。しかしこれは、見苦しい弁解です。文章のプロが、絶対にしてはならない弁解です。

補足

【演習㉗】の解答例のうち、最後の〔 〕内は、原文の意を汲んで、付け加えたものです。

話し言葉でかたる

芳賀登の学問的名誉のために、少し補足しておきます。この本の冒頭に置かれた「序論にかえて」は、比較的わかりやすく、文章上の欠点も目立ちません。また、第六章「柳田國男をめぐって――平田学から柳田学へ――」は、ズバリ、この本のテーマを扱っている文章であり、示唆に富んだ論考です。この論考は、一九七〇年代に、芳賀が高田馬場の「寺小屋」でおこなった講義と、そのあとの質疑応答を記録したものです。芳賀は、生き生きとした話し言葉を操っています。少しだけ、引用してみましょう。ルビは原文のまま、〔〕内は、引用者による補注です。

……房総から、天竜川の流域までが、日本の産霊〔むすび〕の男根と女陰の性の神々の多い地域で、平田学の門人の多い分布図は皆さんも知っているように、房総や江戸でもあるし、没後の門人の多いところは、信州の伊那や木曽でしょ。みな、石神、男根と女陰の多いところですね。そういうようなこと。それから慶応元年から三年につくった、平田復古神道のつくった、本学(ホンガク)神社というのが伊那の山吹というところにあるけれども、そこに祭られているのは、太陽石です。それから松尾多勢子(マツヲタセコ)〔幕末期の女性勤王志士〕だとか、北原信雄(キタハラノブタカ)や松井真澄とかの家には屋敷神として、男根と女陰がみなあります。〈二二三ページ〉

芳賀登は、柳田國男と平田篤胤のふたりについて、「話し言葉でかたることの好きな人であった」と評しています（三三三ページ）。そう評する芳賀自身も、実は「話し言葉でかたることの好きな人」だったのではないでしょうか。

第27講
まとめ

▼論文や著書の理解が困難なのは、「悪文」が理由になっていることがある。
▼講義や講演はわかりやすいのに、文章はわかりにくいという学者が存在する。

第28講

映画の解説文を訂正する

名作映画の解説文

戦前のアメリカ映画に、『或る夜の出来事』（コロンビア、一九三四）という名作があります。キープ株式会社（KEEP）の「水野晴郎（はるお）のDVDで観る世界名作映画」シリーズに収められていますので、比較的、容易に鑑賞できます。私も、このシリーズのDVDで鑑賞し、大いに笑い、深く感動しました。クラーク・ゲーブルやクローデット・コルベールの演技に魅せられると同時に、フランク・キャプラ監督の機知とユーモアに感嘆させられました。

ところが、このＤＶＤのジャケットにある解説文には、大きな問題があります。まず、これを引用してみましょう。

クラーク・ゲーブル、クローデット・コルベール、フランク・キャプラ監督がずらり揃ってオスカーを受賞した作品。キャプラ独特のヒューマニズムと笑いを満載した傑作である。親の押し付けた結婚を嫌って、結婚式の船上から海へ飛び込んでしまう。ヒッチハイクを続ける彼女と一緒になったのは敏腕の新聞記者。しかし、彼は失敗続きでデスクに怒鳴られっぱなし。この二人の珍道中が実に楽しい。歩き疲れて車に乗せてもらおうとヒッチハイクをするのだが、彼がやると全然停まってくれない。次に彼女がやると停まるのだ。実は彼女がさっと美しい足を見せたから。ところが、その運転手が大変な食わせ者だったり、その面白さは抜群。二人が一人部屋に泊まる時、間に毛布を掛けてジェリコの砦と称すあたり、未だに伝説となっている名場面である。フランク・キャプラといえばアメリカ映画の中でヒューマニズムの代表選手と言われ、その後も名作を次々と発表する。この「或る夜の出来事」はその出発点であり最初の傑作である。（１９３４年／アメリカ）

若干、コメントします。「アカデミー賞」というのは、アメリカ映画芸術科学アカデミーから、毎年、アメリカ映画、その関係者などに贈られる賞のことです。受賞者に贈られる彫像は、「オスカー」と呼ばれます。第七回（一九三四）の作品賞は、この『或る夜の出来事』に贈られました。このほか、クラーク・ゲーブルに主演男優賞、クローデット・コルベールに主演女優賞、フランク・キャプラに監督賞、ロバート・リスキンに脚色賞が、それぞれ贈られています。

親は結婚に反対

さて、この解説文で問題なのは、映画のストーリーを紹介している部分です。「親の押し付けた結婚を嫌って、結婚式の船上から海へ飛び込んでしまう。」これが、完全に間違っています。富豪の令嬢エリー・アンドリュース（クローデット・コルベール）は、飛行士のキング・ウェストリーに一目ぼれし、婚姻の手続きを済ませています。ところが父親のアレクサンダー・アンドリュース（ウォルター・コナリー）は、この結婚に大反対で、娘をマイアミの沖に停泊している船に監禁することで、この結婚を実質的に阻止しています。「船上から海へ飛び込んでしまう」というのは、その通りです。しかしこれは、ニューヨークにいる夫のもとに向かうために、エリーがとった大胆な行動でした。

「ヒッチハイクを続ける彼女と一緒になったのは敏腕の新聞記者。」これも間違っています。エリーと新聞記者が出会うのは、マイアミからニューヨークに向かう夜行バスの中です。

二人がヒッチハイクを始めるのは、乗客の一人がエリーの正体に気づいたからです。「二人が一人部屋に泊まる時」というのも間違っています。二人は、夫婦を装ってツインの部屋に泊ります。実際は他人同士ですから、「ふたつのベッド」の間に、綱と毛布で仕切りを設け、これを「ジェリコの砦」（DVDの字幕による）と称したのです。

なお、キープ版DVDの解説が、水野晴郎（一九三一〜二〇〇八）の執筆によるものかどうかは不明です。解説には問題がありますが、映画そのものは名作であり、傑作です。

前置きが長くなりましたが、ここで演習です。

演習㉘

キープ版DVD『或る夜の出来事』にある解説文を、ほぼ同じ字数で書き直し、もとの解説文に含まれている問題点を是正してください。

解答例

クラーク・ゲーブル、クローデット・コルベール、フランク・キャプラ監督らが、ずらり揃ってオスカーを受賞した作品。キャプラ独特のヒューマニズムと笑いを満載した傑作である。

結婚を反対され、マイアミ沖の船に監禁されていた大富豪の娘エリーが、海へ飛び込んで脱走する。エリーは、夜行バスで夫キングのいるニューヨークに向かう。そのバスでエリーと出会ったのが、敏腕の新聞記者ピーター。乗客のうちの一人が、エリーの正体に気づく。二人は、バスを乗り捨て、ヒッチハイクを試みる。途中、二人は、夫婦を装って安宿に泊る。ピーターは、ふたつのベッドの間に、綱と毛布で仕切りを設けて、これを「ジェリコの壁」と名づける。こうした珍道中を続けていくうち、二人とも相手に惹かれていくが、すでにエリーは人妻である。はたして、この恋の行方は？

フランク・キャプラ監督は、その後も名作を次々と発表していく。『或る夜の出来事』は、その出発点であり最初の傑作である。（1934年／アメリカ）

解説

エリーが、その美しい脚を見せて、ヒッチハイクに成功する場面は有名ですが、解説で採り上げるほどのものではありません。この映画の最高の名場面は、キングとの結婚式の際、エリーが「宣誓」を拒否して走り去る場面でしょう。しかし、解説で、この場面に触れてはなりません（ネタバレになりますから）。

ジェリコの壁とは

結末を述べてしまいますと、結婚式場から逃げ去ったエリーは、キングとの結婚を取り消し、ピーターと結婚する意思を固めます。エリーの父親アレクサンダーは、多額の示談金を払うことを条件に、キングに結婚解消を承諾させます。そのあとアレクサンダーは、ピーターに、「ジェリコの壁を崩せ」(英語の字幕では、"let'em topple,,) という電報を送ります。

映画のラストは、新婚旅行先のモーテル。ふたりの部屋からトランペットのファンファーレが聞こえてきます。仕切りになっていた「ジェリコの壁」(毛布) が床に落ちて、エンド・マーク。

この映画のキーワードは、「ジェリコの壁」(Walls of Jericho) です。旧約聖書「ヨシュア記」に、堅固を誇るジェリコ (エリコ) の城壁が、イスラエルの民の吹いた角笛(つのぶえ)によって崩れたという話があります。この映画のラストは、この故事の意味を知らないと理解できません。

キープ版DVDの解説文を訂正するために (つまり、この原稿を書くために)、わたしは、同DVDを、繰り返し再生することになりました。その作業を通じて、映画のあらすじを述べたり、その見どころを紹介したりするのは、容易なワザではないと痛感しました。

しかし、思わぬ副産物もありました。それは、この『或る夜の出来事』が、実によくできた作品だということを、改めて認識したことです。特に、含蓄のあるセリフと、計算されつくした展開には、感嘆させられました。この本の読者で、映画好きという方がおられましたら、お気に入りの作品を選んで、その解説文を書いてみることを、おすすめします。映画に対する見方が深くなり、文章力も間違いなく向上します。

第28講
まとめ

▼映画のあらすじや見どころを書くことは、よい文章練習になる。
▼他人の文章の誤りを指摘するには、周到な調査が不可欠である。

【文章術名言集】その8

■「Xハ」が、ピリオド（マル、句点）を越えて、次々の文まで及んで行く例は珍しくありません。

三上章〔1960：P117〕

■音声言語として聞いた場合には何らその内容を理解するのに不都合がないような場合でも、そのまま文字化してみると、主語・述語が照応しない、修飾語・被修飾語の関係が認められない、接続する語の論理が合わないなど、いわゆる文脈のねじれの見られる文になることが多いのである。

山口明穂〔1980：P11〕

■日本語にコプラ（繋辞）がないということは、アリストテレス以来の西洋形而上学（西洋哲学）でいうところの「存在論」を持たないということである。

浅利誠〔2017：P89〕

エピローグ　あるいは文章上達法五則

本書の趣旨は、日本語の「書き言葉」というものが、意外にメンドウなものであることを認識していただいた上で、どうすれば、そのメンドウな「書き言葉」を使いこなせるかについて、読者の皆さんと一緒に考えていくというものでした。

本編では、いろいろと難しい説明をいたしました。そればかりか、読者の皆さんに、メンドウな【設問】や【演習】まで押しつけてしまいました。そこで、このエピローグでは、シンプルかつ実用的な文章上達法＝文章上達のコツを五つほど、お伝えしておきたいと思います。「話せるなら書ける」「百読は一写にしかず」「ブログで文章修行」「下手の難文長文」「方言で書く手がある」の五項に分けて、説明していきましょう。

話せるなら書ける

数年前、中野清見（なかのきよみ）の『ある日本人 第2集』（平凡社、一九五八）という本を読みました。著者がそこで披露していた、次のような体験談が、強く印象に残りました。

著者の中野清見（一九一〇〜一九九三）は、東大卒のインテリです。戦後、故郷である岩手県の秘境・江狩村（えかりむら）に戻り、村長になりました。中野は、当初、無口な農民たちを見て、「生来の引っこみ思案」のせいだと考えていましたが、あるとき認識を改めました。農民たちが公の場で口を開かないのは、「標準語で話さなければいけない」と思いこんでいるからだったのです。「自分の使い慣れた言葉」で話してもよいとわかれば、彼らは、いくらでも話す、セキを切ったように話すことに気づいたというのです。

同じことは、「文章」についても言えるように思います。「文章なんて、とても書けません」と言っている人でも、「自分の使い慣れた言葉」で書いてよいとわかれば、いくらでも書ける、セキを切ったように書くのではないでしょうか。

使い慣れた「話し言葉」があり、話してもよい「内容」があれば、誰でも人前で話すことができます。そして、話すための言葉があり、話してもよい内容があれば、それを「文章」にすることもできるはずです。その「話し言葉」を、そのまま「書き言葉」にしてしまえばよいのですから。というわけで、文章上達のコツ「その一」を、「話せるなら書ける」とします。

百読は一写にしかず

昔からよく言われてきた文章上達の秘訣のひとつに、「名文とされる文章を書き写す」というものがあります。わたしは一応、モノカキを自称していますが、これまで、「名文を書き写す」という上達法をこころみたことは、一度もありません。しかし、齢七十に達した今、その上達法を強く支持したい気持ちになっています。

それというのは、六十歳を過ぎて、ブログというものを始めたことで、文章を書き写すことの重要性に気づいたからです。わたしの場合、コラムと称する雑感をブログに綴ることもありますが、それよりもずっと多いのは、いろいろな方の貴重な文章を書き写して（スキャンした上で入力して）、それをブログで、皆さんに紹介することです。これをやってみますと、当該の文章の巧拙は、すぐに見抜けます。巧みな文章については、その表現法、その論理展開、その呼吸などを学びます。拙い文章については、謹んで自戒の資といたします。

先日、必要があって、江戸後期の教訓集『たとへづくし』に目を通していたところ、「読書数復（すふく）より一写（いっしゃ）にはしかじ」という言葉が目にとまりました。先人の智慧に対し、深くうなずきました。その言葉をもじって、「百読は一写にしかず」という教訓を創ってみました。これを、文章上達のコツ「その二」とします。

ブログで文章修行

ブログを開設し、運営していく効用というのは、いろいろあると思いますが、その効用のひとつに、「文章修行」になるというものがあります。ブログに、自分の文章を載せるということは、不特定多数の読者の眼に、自分の文章をさらすということです。ときおり、読者からコメントをいただくこともあります。そうした緊張感があるからこそ、文章修行になるわけです。

自分の文章を載せるのも文章修行ですが、いろいろな方の文章を紹介していくことも、立派な文章修行になります。前項「百読は一写にしかず」で述べた通りです。

わたしは、いろいろな方の貴重な文章を書き写すことは（スキャンして入力することは）、一種の「写経」であると心得ています。「写経」という「修行」です。修行だと割り切れば、毎日、ブログを更新することも苦にはなりません（あくまでも、個人の感想です）。

そういうわけで、文章上達のコツ「その三」を、「ブログで文章修行」とします。

下手の難文長文

宴会などの冒頭、司会者から乾杯の指名を受けた人物が、グラスを手にしたまま、五分、十分と話し続けることがあります。会場の面々は、そんな話はどうでもよいから、早く、「乾杯！」とやってくれ、とイライラしてきますが、そうした思いは、当人には届きません。話は、まだまだ続きそうです。こういうのを「下手の長談義」と言います。

人前で話をする以上は、聞き手に気を配らなければなりません。文章も同様です。文章を書いて公表する以上は、読み手のことを考えなければなりません。何が言いたいのかわからない文章、ダラダラした文章を書く人は、読み手に対する配慮が足らないのです。

コツ「その一」を、「話せるなら書ける」としましたが、「下手の長談義」は、できれば、文章にしてほしくありません。人前で話してみたところ、感銘してもらった、思わぬ好評を得た、というようなお話を、文章にしていただくのがよろしいと思います。

読み手を意識した文章、簡潔でわかりやすい文章、おもしろくて為になる文章、思わずマネしたくなる文章、これが良い文章だというのが、本書の立場です。というわけで、文章上達のコツ「その四」を、「下手の難文長文」とします。

方言で書く手がある

この本の原稿は、本年（二〇二〇年）の三月末には、ほぼ書き終えていました。ちょうどそのころ、マスクの入手難が深刻となり、四月一日、安倍晋三首相は、布マスク二枚を全世帯に配布する方針を打ち出しました。いわゆる「アベノマスク」案です。

この方針に対し、自由民主党の小野田紀美（おのだきみ）参議院議員（岡山県選挙区）は、同日の午後八時一八分のツイッターで、次のようにつぶやきました。

「まずマスク必要なの病院等じゃねん。国民には早く現金給付したらマスクやこーそのお金で布とかで作れるがん。んでこの送料なんぼかかるん。予算なんぼなん。そのお金あったら給付増やせるんじゃねんか。どこの誰が決めたん。今回のコロナ一連、一般自民議員の意見はなんでここまで聞いてもらえんのん。」

これには驚きました。与党議員が「アベノマスク」案を批判したことに驚いたわけではありません。岡山弁の迫力と歯切れの良さに驚いたのです。小野田議員にとっては、この岡山弁が、「使い慣れた言葉」だったのでしょう。その使い慣れた言葉によって、即座に「アベノマスク」案の矛盾を衝いたのです。

これを読んでわたしは、「その手があったか」と思いました。「その手」とは、「方言で書く」という手です。方言は、その土地で生まれ育った人にとっては、「使い慣れた言葉」です。しかも、方言は、話し言葉と書き言葉との間に、断絶がありません。最初から「言文一致」です。まさに、「話せるなら書ける」の世界です。それに気づかせていただいた小野田紀美議員に感謝いたします。というわけで、文章上達のコツ「その五」を、「方言で書く手がある」としたいと思います。

以上をもって、本書のエピローグとします。

あとがき

あとがきは、「である体」で書いてみよう。

一八九七年（明治三〇）一二月、福沢諭吉は、『福沢全集緒言』（時事新報社）を刊行し、その冒頭近くで、「余が文筆概して平易にして読み易きは世間の評論既に之を許し筆者も亦自から信じて疑はざる所なり」と述べた。近代にふさわしい日本語は、このワタシが創出したという自信をあらわした言葉であった。文章家・福沢諭吉の「勝利宣言」であった。ところが今日、その福沢諭吉の文章は、完全に「時代おくれ」のものになっている。そのままでは理解しにくいものになっている。すでに「現代語」ではなくなっている。何よりも、『現代語訳 福澤諭吉 幕末・維新論集』といった本が刊行されている事実が、そのことを物語っている。

どうして、そういうことになったのか。ちょうど、福沢諭吉が『福沢全集緒言』を発表したころ、「日本語の書き言葉」の世界に、「言文一致」の流れが大きな勢いで押し寄せ、福沢諭吉が苦心の末に生み出した「平俗文」を、アッという間に、「時代おくれ」のものにしてしまったのである。

一八九八年（明治三一）の一月から二月にかけて、国木田独歩が短編「今の武蔵野」を発表した（短編集『武蔵野』に収録する際に「武蔵野」と改題）。今日のわたしたちが読んで何の違和感もない完成された言文一致体が、すでにそこにはある。

どうも福沢諭吉は、このあたりから、言文一致の動きを無視できなくなったようだ。福沢は、同年七月から、『時事新報』紙上に、『福翁自伝』の連載を始めている。それまで一度も、言文一致体の文章を書こうとしなかった福沢が、「口述筆記」という形であれ、言文一致体の文章を試みたのである。一八九七年一二月の「勝利宣言」から、わずかに半年あまりの出来事であった。

『福翁自伝』が単行本として刊行されたのは、一八九九年（明治三二）六月、福沢諭吉が亡くなったのは、世紀を跨（また）いだ一九〇一年（明治三四）二月のことであった。国木田独歩の短編集『武蔵野』（民友社）が刊行されたのは、その翌月のことであった。

夏目漱石の『吾輩は猫である』の連載が開始されたのは、やや遅れて、一九〇五年（明治三八）一月。『吾輩ハ猫デアル 上編』の刊行は、同年一〇月であった。この小説は、「である体」（本書で言う「猫語」）の普及に決定的な影響を及ぼした。

こうして、「である体」を使って書いてきた。たしかに書きやすい。この文体は、エッセイにも、小説にも使える。難しい議論を展開する論文などには、特に適しているように思う。そのことは認める。しかし、その一方で「これでよいのか」という疑念が消えない。

なぜか。それは、「言文一致体」を代表してきた「である体」が、すでに「口語」から遠く離れた「新文語」と化しているからである（「新文語」は、大岡信の造語。第11講参照）。今日、近代日本語の成立に対する福沢諭吉の多大な貢献は、あまり顧みられることがない。しかし、福沢が「平易にして読み易き」文章を工夫し、普及させた功績を、わたしたちは忘れてはならない。

と言ったところで、福沢の「平俗文」を引用させていただく。

福沢の家は本と小禄の貧士族にして余財あることなし余が相続のとき家に在るものは唯数百冊の漢書と僅々の書画刀剣のみなりしが是等の品も余が謹学中に売尽して学資に供し今に至て汝等が為めに先代の遺物とては殆んど一物もなし仮令ひ是あるも今日金を出せば買ひ得べきものに過ぎざれば之を得ずして遺憾に非ずと雖も独り此古銭に至ては千金を投ずるも買ふ可らざるの宝物にて先人の余光の存するものなり

福沢諭吉「福沢氏古銭配分の記」の一節である（本書「付録 文章術のための名エッセイ36」の31参照）。

句読点なしでズラズラと続いている。言葉が古い。もちろん、口語体ではない。にもかかわらず「読める」「わかる」。論理の流れが自然だからである。

福沢の文章については、本書の第14講で、その「限界」を指摘した。しかし、まだまだ捨てたものではない。特に、「福沢氏古銭配分の記」などは、音読に堪える名文だと思う。昔ながらの日本語の響きを感じさせるからである。あるいは音読し、あるいは書き写しながら、研究してみるだけの価値があると信じている。

末筆ながら、本書執筆の機会を与えていただいた上、数々の貴重なアドバイスをたまわった日本実業出版社の松本幹太さんに、厚い感謝の意を表します。

著者

文章術のための名エッセイ36

ここでは、次の基準にあてはまるエッセイを選びました。
①文章がよい。②自立していて短い。③興味深い視点、貴重な情報などがある。

1◆有島武郎「永遠の叛逆」『惜みなく愛は奪ふ』春陽堂文庫、一九四七⑫

作家の有島武郎が「革命」について語る。「人類は永久に鬼子を生んで暮らして行かねばならない」と述べ、革命の必然性を認めている。初出は一九二三年（大正一二）三月という。

2◆家永三郎「天皇制と日本古典」『法律時報』第四八巻第四号、一九七六④

見開き二ページの短い文章だが、提起している問題は重要で、かつ、説得力に富む例示がある。わたしは、この一文によって、小笠原日堂『曼陀羅国神不敬事件の真相』（無上堂出版部、一九四九）という文献を知った。

3◆石川武美「陽気な生活――いくら敗戦国でも陰気すぎる」『主婦之友』第三〇巻第四号、一九四六④

敗戦直後の日本人に向かって、「いくら敗戦国でも陰気すぎる」と説いている。石川武美（たけよし）は、主婦之友社（現・主婦の友社）の創業者（一八八七〜一九六一）。海老名弾正から洗礼を受けたクリスチャンで、著書も多い。

4◆今村昌弘「小説家向きの人」『東京新聞』二〇二〇年一月二四日夕刊

「うまくいかなくても創作をやめられない人」が小説家に向いていると説いている。筆者は、『屍人荘の殺人』で、鮎川哲也賞を受賞した推理小説家。

5◆内海桂子「袖すり合うも他生の縁」『七転び八起き人生訓』主婦と生活社、一九九一⑩

内海桂子師匠はことわざ通である。『七転び八起き人生訓』は、ことわざをタイトルとしたエッセイを集めたもの。どのエッセイも、ユーモアと含蓄に富んでいるが、中でも「袖すり合うも他生の縁」という一篇を推したい。

6◆江藤 淳「解説」柏原兵三『ベルリン漂泊』文藝春秋、一九七二④

江藤淳が、旧制中学の同級生だった柏原兵三を追悼する小文。葬儀の際に、柏原家を訪れた江藤は、異様な感情におそわれる。自分の生家によく似ていたのである。そして、なぜ柏原は、この「家」を描かなかったのか、と問う。文句なしの名篇。

7◆大岡信「散文による描写の楽しみ」窪田空穂『わが文学体験』岩波文庫、一九九九③

歌人として知られる窪田空穂だが、青年時代は小説家を志したという。空穂が巧みな散文の書き手であったことは、この本で確認できる。詩人・大岡信による解説は、敬愛に満ちた名篇。大岡信の父・大岡博は、空穂の門人。

8◆金子文男「吝嗇考」『ことがら』第五号、一九八四②

「吝嗇」＝ケチについて論じた文章は、ありそうでいて、意外にみつからない。ケチな人が読んで共感し、ケチでない人が読んで納得する好エッセイ。金子文男は、『ことがら』編集同人のペンネームか。

9◆河上肇「うまかつたパン」『思ひ出』日本民主主義文化連盟、一九四六⑩

食べ物について語らせたら、河上肇の右に出る人は、恐らくいない。それにしても名文である。『思い出』については、本書第25講参照。

10◆岸哲夫「まへがき」『明治川』藤谷崇文堂、一九四六⑩

『明治川』は、幕末・明治期に、苦難の末、明治用水を開鑿した人々を描いた小説。同書は、一九四四年の夏、一度、刷り上がったが、大阪空襲ですべて焼失。戦後、焼けたと思っていた原稿が発見され、一九四六年に出版。

11 ◆日下部文夫「言語の起源について」『月刊言語』第六巻第四号、一九七七④

二〇一四年に九十七歳で亡くなった言語学者のエッセイ。数ページのエッセイだが、大胆にして柔軟な発想で「言語の起源」という大問題に取り組んでいる。

12 ◆小池 滋「田園を憂欝にした汽車の音は何か」有栖川有栖編『有栖川有栖の鉄道ミステリ・ライブラリー』角川文庫、二〇〇四⑩

佐藤春夫の小説『田園の憂欝』（一九一九）の主人公を悩ませた深夜の騒音の謎を、鉄道ファンの立場から解明している。

13 ◆斎藤美奈子「好きの搾取」『東京新聞』〔本音のコラム〕二〇一六年一二月二八日

テレビドラマ『逃げるは恥だが役に立つ』（二〇一六年一〇月一一日〜一二月二〇日）の終了直後に発表されたコラム。このテレビドラマ（原作は、海野つなみさんの漫画）の本質を、短い文章でズバリ指摘している。「好きの搾取」というタイトルがよい。

14 ◆佐藤義亮「貝を磨いて客を待つ」『生きる力』新潮社、一九三六⑤

石黒忠悳子爵夫妻が、石州流茶道の宗匠の家で懐石料理をふるまわれた。シジミ汁のシジミ貝は粒もよく揃い、珠のような色ツヤだった。宗匠曰く、「朝、シジミ売りから三銭で買ったシジミを、妻がひとつひとつ磨いただけのものです」。筆者は、新潮社の創業者。

15 ◆渋沢敬三「序」

進藤松司『安芸三津漁民手記』アチック・ミューゼアム、一九三七⑫

渋沢敬三は、同書のゲラを持って、著者を広島県賀茂郡三津町に訪ねる。ゲラを見て感激する進藤松司、それを見ながら、目を細める渋沢敬三。

16 ◆真藤健志郎「緒言口上」

『活用引用 自由自在「四字熟語」の辞典』日本実業出版社、一九八五⑤

四字熟語の辞典は数多いが、同書は、その嚆矢である。「緒言口上」は、四字熟語の辞典にふさわしく、四十の四字熟語を並べたものである。

17 ◆関根正直「序言」

関根默庵『講談落語今昔譚』雄山閣、一九二四④

関根默庵は演劇評論家(一八六三〜一九二三)。関東大震災で焼け出され、病を得て死去した。遺著『講談落語今昔譚』は、默庵の兄で国文学者の関根正直(一八六〇〜一九三二)が、「序言」を寄せている。簡潔にして痛切。

18 ◆高島米峰「俥夫とめし屋の主人」

『熱罵冷評』丙午出版社、一九一七⑧

人力車の車夫が、やたらにイバリ散らす客を乗せる。日本橋から小石川指ヶ谷まで走り、客をおろしたが、「ご苦労」の一言もない。くたびれたので、「酒めし」とある店の縄暖簾をくぐった。すると、腰をかがめ揉み手で迎えたのは、今の乗客だった。

19
◆高橋和巳「通院記」『孤立無援の思想』（旺文社文庫、一九七九⑫）

痔疾の手術をした高橋和巳は、二か月間、大阪・十三（じゅうそう）の専門病院に通う。手術のあとは、歩きが遅くなり、十三駅前の交差点を渡りきれない。情けなくて、思わず笑ってしまう。

20
◆鶴見俊輔「漫才の思想」『大衆芸術』（河出新書）河出書房新社、一九五四③

恥をかくことを恐れるなと筆者・鶴見俊輔（一九二二〜二〇一五）は言う。また、漫才の主人公と日本の政府要人は似ているとも言う。恥をかきつつ、長生きするからである。

21
◆寺山修司「サザエさんの性生活」『続 書を捨てて旅に出よう』芳賀書店、一九七一⑦

サザエさんとマスオさんの性生活を妄想しながら、家族という制度の本質に迫る。寺山版『共同幻想論』。このエッセイは、できれば三嶋典東（てんとう）のイラスト付きで、つまり芳賀書店刊の原版で読んでいただきたい。

22
◆栃窪宏男「あとがき〈口述を記録して……〉」吉田石松述『無実』アサヒ芸能出版、一九六三④

筆者は、雑誌社の記者。「日本の岩窟王」と呼ばれた吉田石松翁の口述を、テープレコーダーに収めて刊行。最初に翁の自宅を訪ねたとき、翁に進呈するための「座椅子」を背負っていき、翁の心をつかんだという。それにしても「座椅子」という発想がすごい。

23 ◆永江朗「メディア異人列伝 小熊英二」『噂の真相』第二五巻第三号、二〇〇三③

インタビューとして、よく出来ている。小熊英二という学者の学問に対する姿勢を、印象深く伝えている。「だって、それが仕事じゃないですか」。——これは、小熊英二の言葉。「それ」とは、いやな人の文章を大量に読むことである。

24 ◆中野好夫「英語辞書のはなし」角川書店編『辞典のはなし』角川書店、一九六五③

『辞典のはなし』は、角川文庫と同じ装丁の非売品。諸家が執筆しているが、中野好夫の「英語辞書のはなし」が出色。ここで中野は、斎藤秀三郎(ひでさぶろう)の『熟語本位英和中辞典』(一九一五)を高く評価している。

25 ◆中野徹雄「知識人の責任について」『思想の科学』(中央公論社)第二〇号、一九六〇⑧

敗戦直前、筆者は旧制高校二年生だった。軍事教練の途中、配属将校から、「君達は、この戦争に日本が勝つと思うか、敗けると思うか」と問われ、筆者らは返答に窮する。マトモなことが通らない時代、どう身を処すべきかを考える。

26 ◆中山太郎「巻頭小言」『日本巫女史』大岡山書店、一九三〇③

同書執筆にあたっての苦労を率直に語る。名篇。これは、前著『独学で歴史家になる方法』で紹介した。

27 ◆西 研「たまの話」『ORGAN』第一〇号〔現代思想批判II〕、一九九一④

「さよなら人類」（一九九〇）で一世を風靡した音楽バンド「たま」について論じたエッセイ。筆者は哲学者。現在、東京医科大学教授。

28 ◆橋本徹馬「小豆島霊場めぐり」『四国遍路記』紫雲荘出版部、一九五〇⑫

橋本徹馬（一八九〇～一九九〇）は、宗教家・政治評論家。紫雲荘主宰、著書多数。橋本は、小豆島の霊場で出会った巡礼者の腰痛を、「言葉」によって完治させたという。この宗教家であれば、ありえたことかもしれない。

29 ◆長谷川 伸「まへがき代りに」『ある市井の徒』毎日新聞社、一九五一⑨

四歳のときに母と生き別れをした長谷川伸（しん）が、五十歳にして、その母に再会するまでを、「新コ」という一人称で語る。六ページ弱の名篇。

30 ◆服部之総「猫啼」『微視の史学』理論社、一九五三④

筆者は、福島県石川町の猫啼鉱泉に泊った。盆踊りの日だった。宿屋のおばあさんから盆踊りの「仮装」の話を聞く。自分の故郷・石見でも、盆踊りの際に「仮装」や性的解放があったことを思い出す。服部之総は、在野の歴史学者。

31 ◆福沢諭吉「古銭配分の記」『福澤撰集』岩波文庫、一九二八①

福沢諭吉の父・百助は、諭吉が幼いころに亡くなっている。百助は、生前、古銭の蒐集を趣味としていた。今、諭吉は、子どもたちを集めて百助の人柄を語り、百助が集めた古銭を子どもたち（百助の孫たち）に配分する。福沢諭吉、屈指の名文。

32 ◆富士崎放江「女泣石と女形石」『土の鈴』第一八輯、一九二三④

福島県松川村石合の女泣石の話。前著『独学で歴史家になる方法』で紹介した。

33 ◆美濃部達吉「序」『新憲法概論』〔普及版〕有斐閣、一九四七⑦

憲法学者の美濃部達吉は、新憲法は旧憲法の改正ではなく、「全然新規に制定せられた」ものであると断定する。その上で、新憲法を解説することは、「旧憲法に付き解説書を公にした」ことのある自分の責務であると述べる。明晰で無駄のない名文。

34 ◆室生犀星「後憂」『萩原朔太郎全集 第十回配本付録』小学館、一九四四④

詩人の室生犀星が、萩原朔太郎を追憶する。故人は、褒めすぎるぐらい人を褒めた。しかし犀星は、故人を褒める一方で、短所も指摘する。朔太郎は、談話は面白かったが、原稿は理窟が邪魔をしており、講演は無味乾燥なおしゃべりだったという。

35 ◆吉野作造「本屋との親しみ」『枢府と内閣 他』(朝日文庫)朝日新聞社、一九五〇④

ここでいう「本屋」とは古本屋のことである。古書に対する愛情(執着)を語って余すところがない。筆者は、大正デモクラシーの理論的指導者、明治文化研究会の中心的人物。

36 ◆和田信二郎「居尿」『小学校教材研究』第二巻第八号、一九三四⑧

「居尿」と書いて「ゐたれ」と読む。その場で小便を漏らしてしまうことをいう。授業中の小学生の例は、よく聞く。一九一九年(大正八)、明石元二郎大将は、小田原の山県有朋を訪ね、密談二時間。帰ったあと、大将がいた下の絨毯は、ぐっしょりと濡れていた。

※各タイトルの末尾にある数字は、掲載書目・雑誌の発行年・月(○数字)を示す。次ページ以降の参考文献も同様。

参考文献

・愛知県教育会編『尾三雄魂録』正文館書店、一九四〇⑫
・浅利誠『非対称の文法――「他者」としての日本語』文化科学高等研究院出版局、二〇一七⑪
・石川九楊『日本語を問いなおす』〔NHK人間講座〕日本放送出版協会、二〇〇三⑫
・石原莞爾『国防政治論』聖紀書房、一九四二⑩
・伊丹万作「戦争責任者の問題」『映画春秋』創刊号、一九四六⑧
・伊丹万作（大江健三郎編）『伊丹万作エッセイ集』筑摩書房、一九七一⑦
・井上ひさし『自家製 文章読本』新潮文庫〔改版〕二〇一五②
・井上ひさし『井上ひさしの日本語相談』新潮文庫、二〇一一⑩
・井之口有一執筆（文部省編）『明治以後におけるかなづかい問題』光風出版株式会社、一九五三⑦
・大岡信「話し言葉・書き言葉」『ユリイカ』〔総特集＝日本語〕第一六巻第一二号、一九八四⑪
・大槻文彦『箕作麟祥君伝』丸善株式会社、一九〇七⑪
・小野武夫『村の辻を往く』民友社、一九二六②
・尾股惣司『鳶職のうた』丸ノ内出版、一九七四⑪
・加藤弘蔵『交易問答』加藤氏蔵版、一八六九⑤
・金谷武洋『英語にも主語はなかった』講談社選書メチエ、二〇〇四①
・金谷武洋『主語を抹殺した男 評伝三上章』講談社、二〇〇六⑫
・柄谷行人『日本近代文学の起源』講談社文芸文庫、一九八八⑥
・川上孤山『妙心寺史』妙心寺派教務本所、一九一七④
・河上肇『思ひ出』日本民主主義文化連盟、一九四六⑩
・木村毅「演説・生活・言語」『言語生活』第五二号、一九五六①
・金水敏『ヴァーチャル日本語 役割語の謎』岩波書店、二〇〇三①

・国木田独歩『武蔵野』民友社、一九〇一③
・窪田空穂『わが文学体験記』岩波文庫、一九九九③
・栗原文夫『文章表現の四つの構造』右文書院、二〇一七③
・小池清治『日本語はいかにつくられたか？』〔ちくまライブラリー〕筑摩書房、一九八九⑤
・礫川全次『知られざる福沢諭吉』平凡社新書、二〇〇六⑪
・礫川全次『独学で歴史家になる方法』日本実業出版社、二〇一八⑪
・国語調査委員会編『口語法別記』国定教科書共同販売所、一九一七④
・今野真二『百年前の日本語——書きことばが揺れた時代』岩波新書、2012⑨
・斎藤美奈子『文章読本さん江』ちくま文庫、二〇〇七⑫
・坂口安吾『安吾人生案内』春歩堂、一九五五⑥
・坂野比呂志『香具師の口上でしゃべろうか』草思社、一九八四①
・篠原 宏『大日本帝国郵便始末』日本郵趣出版、一九八〇③
・島方泰助『明治小説論』明治書院、一九四九⑥
・杉本つとむ『近代日本語の成立——コトバと生活』桜楓社出版、一九六〇①
・鈴木主税『私の翻訳談義——日本語と英語のはざまで』朝日文庫、二〇〇〇④
・関 如来『当世名家蓄音機』文禄堂、一九〇〇⑩
・高田保馬『社会歌雑記』甲文社、一九四七⑥
・瀧川政次郎『日本歴史解禁』創元社、一九五〇⑫
・橘 正一『方言読本』厚生閣、一九三七⑤
・谷崎潤一郎『文章読本』中央公論社、一九六〇⑫
・田山花袋・小栗風葉編『二十八人集』新潮社、一九〇八④

・千種達夫執筆（文部省編）『公用文の合理化』明治図書出版株式会社、一九五五⑥
・鶴見俊輔『大衆芸術』河出新書、一九五四③
・ローレンス・トリート（大出 健訳）『ミステリーの書き方』一九九八⑦
・永江 朗『〈不良〉のための文章術――書いてお金を稼ぐには』〔NHKブックス〕日本放送出版協会、二〇〇四⑥
・長尾和郎『戦争屋――あのころの知識人の映像』妙義出版、一九五五⑫
・夏目漱石『吾輩は猫である』新潮文庫〔改版〕、二〇〇三⑥
・野口武彦「解説」三島由紀夫『文章読本』新潮文庫〔改版〕、二〇一八②
・野村無名庵『本朝話人伝』協栄出版社、一九四四④
・芳賀 登『柳田國男と平田篤胤』皓星社、一九九七⑩
・萩原朔太郎『日本への回帰』白水社、一九三八③
・萩原朔太郎「能の上演禁止について」『阿帯――萩原朔太郎随筆集』河出書房、一九四〇⑩
・濵田秀行「文学教育のための物語論」『群馬大学教育学部紀要 人文社会科学編』第六六巻、二〇一七②
・平尾昌宏「なぜ論文を〈です・ます〉で書いてはならないのか」『大阪産業大学論集 人文・社会科学編』第二七巻、二〇一六⑥
・福沢諭吉（小泉信三編）『福沢撰集』岩波文庫、一九二八①
・福沢諭吉（昆野和七校訂）『福沢諭吉 福翁自伝 復元版』角川文庫、一九五三⑦
・古田東朔執筆（文部省編）『教科書から見た 明治初期の言語・文字の教育』光風出版株式会社、一九五七⑨
・古田東朔・山口明穂・鈴木英夫『新国語概説』くろしお出版、一九八〇⑤
・本多勝一『日本語の作文技術』朝日新聞社、一九八二①
・松坂忠則「国字問題と国文学」『科学評論』一九四一⑪

・松坂忠則執筆（文部省編）『法令用語の改正』文部省、一九五〇⑫
・松本清張『半生の記』新潮文庫、一九七〇⑥
・丸谷才一『文章読本』中公文庫、一九九五⑪
・三浦つとむ『日本語はどういう言語か』講談社学術文庫、一九七六⑥
・三上章『象ハ鼻ガ長イ――日本文法入門』くろしお出版、一九六〇⑩
・三上章『現代語法序説――シンタクスの試み』くろしお出版、一九七二④
・三島由紀夫『文章読本』新潮文庫〔改版〕、二〇一八②
・箕作麟祥訳（翻訳局訳述）『仏蘭西法律書』（上巻・下巻）報告社〔再刊〕、一九八三⑩
・宮崎清孝「視点の働き――より深い理解に向けて」宮崎清孝ほか『視点』東京大学出版会、一九八五⑩
・村上春樹『雑文集』新潮社、二〇一一①
・村上春樹「猫を棄てる――父親について語るときに僕の語ること」『文藝春秋』二〇一九年六月号
・村上呂里「宮良當壮と柳田国男の間」『琉球大学教育学部紀要』第六八集、二〇〇六③
・柳家小三治「柳家小三治が語る繰り返し朗読し、涙を流した本」『ＳＡＰＩＯ』二〇一八年九月号・一〇月号
・柳父章「日本における翻訳」柳父章ほか編『日本の翻訳論』法政大学出版局、二〇一〇⑨
・柳父章『近代日本語の思想――翻訳文体成立事情』法政大学出版局、二〇〇四⑪
・山口仲美『日本語の歴史』岩波新書、二〇〇六⑤
・山田孝雄『漢文の訓読によりて伝へられたる語法』宝文館、一九三五⑤
・山田孝雄『女子日本文法教科書』〔訂正再版〕宝文館、一九三八②
・山本有三「ミタカの思い出」『三鷹市報』一九六五年一一月三日
・吉田石松述（赤松勇編）『無実――がんくつ王抵抗の50年』アサヒ芸能出版、一九六三④

・吉野作造「交易問答解題」『明治文化全集』第九巻〔経済篇〕日本評論社、一九二九⑧
・吉村 昭『私の文学漂流』新潮文庫、一九九五④
・吉本隆明『言語にとって美とは何か 第Ⅰ巻』勁草書房、一九六五⑤
・吉本隆明「解説」三浦つとむ『日本語はどういう言語か』講談社学術文庫、一九七六⑥

礫川全次（こいしかわ　ぜんじ）
1949年生まれ。1972年、東京教育大学卒業。在野史家。「歴史民俗学研究会」代表。フィールドは近現代史、犯罪民俗学、宗教社会学。
著書：『独学で歴史家になる方法』（小社）、『史疑 幻の家康論』『戦後ニッポン犯罪史』『大津事件と明治天皇』『サンカ学入門』『攘夷と憂国』『独学の冒険』『雑学の冒険』（以上、批評社）、『サンカと三角寛』『知られざる福沢諭吉』『アウトローの近代史』『日本人はいつから働きすぎになったのか』『日本人は本当に無宗教なのか』（以上、平凡社新書）他多数。

独学文章術（どくがくぶんしょうじゅつ）　名文（めいぶん）をまねて上達（じょうたつ）する

2020年８月１日　初版発行

著　者　礫川全次

発行者　杉本淳一

発行所　株式会社日本実業出版社　東京都新宿区市谷本村町３−29 〒162−0845
大阪市北区西天満６−８−１ 〒530−0047
編集部 ☎03−3268−5651
営業部 ☎03−3268−5161　振　替　00170−1−25349
https://www.njg.co.jp/

印刷／壮光舎　製本／若林製本

この本の内容についてのお問合せは、書面かFAX（03−3268−0832）にてお願い致します。
落丁・乱丁本は、送料小社負担にて、お取り替え致します。

ISBN 978−4−534−05794−5　Printed in JAPAN